मृगतृषा

(काव्य संग्रह)

AF658909

सीमा अग्रवाल

सन्मति

Title : Mrigtrisha
ISBN: 9788194808855

प्रकाशक

सन्मति पब्लिशर्स एण्ड डिस्ट्रीब्यूटर्स

बी-347, संजय विहार,

मेरठ रोड, हापुड़-245101 (उ0प्र0)

website : www.sanmatiindia.com

email: sanmati555@gmail.com

मो: 8439645104

प्रथम संस्करण : अक्टूबर 2020

भटकाती “मृगतृषा” सतत
सार न मिलता जीवन का
लौट फिर-फिर आते जग में
पार न मिलता जीवन का

सस्नेह सहर्ष समर्पण

प्रिय

अवनि

आकाश

सभ्या

को

जो

हेतु

हैं

मेरे

इहलौकिक

भौतिक

जीवन

का

बात मन की

मन के भीतर उमड़ते-घुमड़ते भावों, जज्बातों या भीतरी संवेदनों को कविता के रूप में शब्दबद्ध करना निश्चय ही एक जटिल कार्य है। पलभर के भटकाव से ही भाव हाथ से फिसल जाता है, फिर लाख जतन करने पर भी पकड़ में नहीं आता। कुछ सोचा हुआ छूट जाता है, और जो पहले कभी सोचा ही नहीं होता, वह अनायास ही दिमाग में कौंध कर अपनी जगह बना लेता है। भावों की इस गफ़लत या उधेड़बुन में एक ऐसी रचना बनकर हमारे सामने खड़ी हो जाती है कि हमें स्वयं ही विश्वास नहीं हो पाता कि इसका सृजन हमारे ही अंतर्मन से उपजे आवेगों के फलस्वरूप हुआ है। ऐसे ही जाने-अनजाने कब मन में भाव संकुलित हों, उनसे नव अंकुर प्रस्फुटित होते रहें, शब्द-रूप में पुष्पित-पल्लवित होते रहें, और आज वे रंग-बिरंगे पुष्पों के रूप में अपनी भीनी-भीनी मधुर सुवास से मेरे मन-उपवन को महका रहे हैं। किंचित भाव-सुमनों से निर्मित पुस्तकाकार यह पुष्प-गुच्छ आप जैसे सहृदय सुधिजनों के करकमलों में समर्पित करते हुए मुझे अपार हर्ष की अनुभूति हो रही है।

यूँ तो अनुकूल-प्रतिकूल हर परिस्थिति में इस प्रकृति के, सृष्टि के कण-कण से कुछ न कुछ सीख पाती रही हूँ। मान-अपमान के सभी पलों में नैसर्गिक उपादानों से एक नयी ऊर्जा, नयी स्फूर्ति पायी है। इसलिए आभार की श्रंखला में मैं सर्वप्रथम प्रकृति के कण-कण की, कुदरत के हर करिश्मे की शुक्रगुज़ार हूँ। साथ ही मेरे जीवन में आयी उन सभी खुशियों,

दु:खों, कष्टों और गमों का आभार जिन्होंने नित्य ही मेरे मन को माँजा है, मेरी आत्मा का सतत परिशोधन और परिष्कार किया है।

अपनी शीत चाँदनी से रात के सघन अंधकार को ज्योतित करने वाला चाँद मेरे लिए सर्वाधिक आकर्षण का केंद्र और अति आह्लाद का विषय रहा है। सदा ही अपनी सुधबुध बिसार उसे एकटक चकोर की भाँति निहारती रही हूँ।

दिन भर की दौड़धूप, तरह-तरह के झमेलों, जीवन के कटु-तिक्त अनुभवों व संघर्षों से जूझते-तपते मन-मानस पर रात के आगोश में, तन्हाई के पलों में अपनी शीतल चाँदनी से मेरे थके-हारे मन पर अपनी मधुरता का नेह-संसिक्त स्निग्ध लेप लगाता चाँद दूरस्थ होते हुए भी मुझे निहायत अपना सा जान पड़ता है। शायद यही वजह ही कि मेरी कविताओं में वह अनायास ही बेधड़क चला आया है और छा गया है रोशनी बनकर मेरे मन पर, दुखों के सघन तिमिर को लीलता हुआ। रात के साये में सुदूर गगन में जगमगाता वह चाँद प्रेरक है मेरा, प्रेरणा है मेरी। जो आज वह साथ न होता तो मेरा यह लघु अस्तित्व कब का अंधेरों में विलीन हो गुम हो गया होता!

अपने उस अनूठे रुपहले चाँद का किन शब्दों में आभार अभिव्यक्त करूँ, जिसके सुमुख से निःसृत कोमल, मधुर चाँदनी ने सदैव ही मेरे आहत मन को अपने मधुर संस्पृश से शीतलता प्रदान की है और मुझे गम के निविड़ अंधकार से जूझना सिखाया है।

ए चाँद, तुझे लग जाए उम्र मेरी
जीता रहे सदा तू, सृष्टि है जब तक
पथ प्रशस्त करता रहे जग का

डॉ. किशोर अग्रवाल जी, रिटायर्ड डी.आई.जी. रायपुर, छत्तीसगढ़, जो मेरे बड़े भाई होने के साथ-साथ मेरे आदर्श और प्रेरक भी हैं। स्वयं भावों, शब्दों और रंगों के अद्भुत चितेरे हैं। वे मेरे इस लेखन कार्य में सदा ही मेरा आत्मबल बढ़ाते रहे। मेरे अंदर जोश और उत्साह भरते रहे, उनका स्नेहपूर्ण मार्गदर्शन मुझे सदैव मिलता रहा। उनकी ही जिद थी कि मैं अपनी रचनाओं की पुस्तक छपवाऊँ और इस कार्य की पूर्ति में उनका अमूल्य, अतुलनीय सहयोग मुझे आद्यंत प्राप्त होता रहा है। उनके प्रति मात्र आभार या धन्यवाद ज्ञापित करना मानो उनके महत्व को बहुत कम आँकना होगा। ईश्वर उन्हें सदा स्वस्थ रखे, चिरायु प्रदान करे।

अपने स्वर्गवासी पिता श्री को मेरा शत-शत नमन जिन्होंने उंगली पकड़कर मुझे लिखना-पढ़ना सिखाया। उनके सिखाए सबक मेरे जीवन की अनमोल निधि के रूप में आज भी मेरे मन भीतर पैबस्त हैं। शिद्दत से आज उनकी कमी महसूस कर रही हूँ। काश, आज आप जीवित होते!

माँ, तुम्हारा क्या आभार करूँ! तुमसे तो ये जीवन मिला, जीने के संस्कार मिले। साँसों में तुम हो, प्राणों में तुम हो।

भाई मनोज अग्रवाल जैसा भाई पाकर तो दुनिया की हर बहन निहाल हो उठे। जिसने कभी पिता की कमी को खलने नहीं दी। बचपन से लेकर आज तक हर मुश्किल में, हर विपदा में, संघर्ष के हर क्षण में जो सदा ढाल बनकर, प्रेरक बनकर साथ खड़ा रहा। ईश्वर उसे सदा स्वस्थ रखे, सलामत रखे।

प्रिय बहनों- निशि, प्रीति, अनु, रागिनी, सखि-सहेलियों, शिक्षकों गुरुजनों, सहयोगियों- सभी का उनसे मिले स्नेह-दुलार, शिक्षाओं-सबकों के लिए शत-शत आत्मिक आभार।

किस-किस का आभार अभिव्यक्त करूँ लिखने बैठूँ तो शब्द कम पड़ जाएँ। मेरे लघु अस्तित्व को स्वीकारने या नकारने वाले हर शख्स, हर परिस्थिति का, जिनसे मैंने जीवन के हर उतार-चढ़ाव में जरा सी भी सीख पायी है, उन सबका हृदय की अतल गहराइयों से कोटि-कोटि आभार!

सहृदय आभार सन्मति प्रकाशन के मालिक आद. निशान्त जैन जी व उनके तमाम सहकर्मियों का, जिन्होंने पूरे मनोयोग से, पूरी आत्मीयता से मेरी रचनाओं का प्रकाशन कर उसे पुस्तक रूप प्रदान किया।

अंत में बस इतना ही कि स्वतः स्फूर्त सहज उद्गारों से युक्त, अल्हड़ नदी के वेग-सी सतत प्रवहमान मेरी रचनाओं की यह स्नेहसिक्त सुवासित निर्मल जलधार यदि आपकी साहित्यानुरागी प्यास को कुछ हद तक तृप्त कर सके तो मेरा लिखना सार्थक हो जाए। आपकी नीर-क्षीर-विवेकी प्रतिक्रियाओं की मुझे प्रतिपल प्रतीक्षा रहेगी।

सोचकर अजब पशोपेश में है मन कि मेरे इस अनगढ़ लेखन पर आप जैसे सहृदय पाठकों की प्रतिक्रिया क्या रहेगी, तिस पर उलझन यह भी कि कहीं कोई मन में हँस ले और ऊपर से कुछ भी न कहे।

प्रदाय जो भी मिले, सब सहज स्वीकार्य है, सहर्ष शिरोधार्य हैं।

"मृगतृषा" न मन की थाकी
है आस-किरन इक बाकी...

चलते-चलते ---

शपथ तुम्हें है, बाद मेरे
गीत न मेरे मरने देना

अपने मन के भाव सभी
आज तुम्हारे नाम किए
सहज समर्पण है ये मेरा
चाव मधुर अभिराम लिए
मेरे सुपालित भावों के
पात हरित न झरने देना
गीत न मेरे मरने देना...

अस्तु...

- सीमा अग्रवाल

स्थान : जिगर कॉलोनी

मुरादाबाद (उ.प्र.)

1 अक्टूबर, 2020

तिथि- पूरनमासी पुरुषोत्तम मास

अनुक्रमणिका

माँ शारदे के श्री चरणों में सादर नमन

वागेश्वरी ज्ञानेश्वरी रागेश्वरी माँ शारदे
बुद्धि विमल मन शुद्ध करो संशय हरो माँ शारदे

स्वरात्मिका भावात्मिका शब्दात्मिका माँ शारदे
जग-मन अमित उल्लास भरो कृपा करो माँ शारदे

अघनाशिनी शुभकारिणी तमहारिणी माँ शारदे
वरदायिनी सुखदायिनी विपदा हरो माँ शारदे

गरिमामयी महिमामयी ओजोमयी माँ शारदे
ऋत ज्ञान की वर्षा करो अज्ञता हरो माँ शारदे

श्वेतांबरा कमलासना सुरवंदिता माँ शारदे
नव चेतना मन में भरो जड़ता हरो माँ शारदे

भरमा रही मन मृगतृषा, जग घोर छल केवल मृषा
कालुष्य हर मालिन्य- मन, निर्मल करो माँ शारदे

उर-भाव को, अनुभाव को; भटकाव को, बिखराव को
आधार दो, विस्तार दो, सुख-सार दो माँ शारदे...

कभी किसी ने सुनी जो होती

कभी किसी ने सुनी जो होती
हमें ये तड़प मिली क्यों होती

सामान्य अगर सब कुछ होता
हर खुशी अधजली क्यों होती

राह जो होती सुगम-सरल-सी
पल-पल ये बेकली क्यों होती

चुभते न जो ख्वाब किर्च बन
आँख सुर्ख पनीली क्यों होती

जीवन फूलों की सेज होता
कोई राह कंटीली क्यों होती

जो अरमानों पे गाज न गिरती
पीर अश्कों में ढली क्यों होती

स्वार्थ न बढ़ते जो हद से आगे
दुनिया इतनी छली क्यों होती

हमसफर साथ सफर में होता
जिंदगी तनहा खाली क्यों होती

दमकता न जो चाँद गगन में
रात ऐसी रूपहली क्यों होती

सुधा न ढरकाते नयन तुम्हारे
नींद मधुर नशीली क्यों होती

देता मुकद्दर साथ जो 'सीमा'
सूनी दिल की गली क्यों होती।

नारी व्यथा अथाह

एक हकीकत आज हमने जानी है
पहले समझी-परखी फिर मानी है

दिल जितना डूबे प्रेम के दरिया में
उतनी आँखों की कयामत आनी है

गली संकरी, बिछे हैं पग-पग काँटे
नेह-पंथ पे चलके चोट तो खानी है

प्यास मन की तनिक बुझ न पाती
झर-झर नयनों से बरसता पानी है

सोचे विचारे काम ले कुछ बुद्धि से
पर माने न, ये दिल की नादानी है

सच, खुद पे नाज बहुत था हमको
समझे, मोहब्बत अपनी लासानी है

बैठी राह में पलक-पाँवड़े बिछाए
जोहे बाट प्रिय की, प्रीत दीवानी है

नारी व्यथा अथाह, कौन गुने-माने
दूध है आँचल में आँख में पानी है

सरल बहुत है देना सीख औरों को
करना कठिन कह देना आसानी है

कैसे आए सुकूं डसे हरदम तन्हाई
हद-ए-निगाह तक पसरी वीरानी है

अजब है दिखावा, गजब है स्वारथ
देख दुनियादारी होती हैरानी है

रहना सदा सीमा में 'सीमा' अपनी
हद से बाहर आ न मुँह की खानी है।

पाया जिनसे जरा भी प्यार

पाया जिनसे जरा भी प्यार
उन सबका दिल से आभार

रुँध-रुँध जाते बाहर आते
मन के मेरे कोमल उद्गार

माया का मोहक जाल बिछा
भरमा न यूँ मुझको संसार

सुख के हसीं लम्हों का भी
अब न उठाया जाता भार

लाख जतन करके हम हारे
किसी विध आता नहीं करार

टूटी कमर बूझे नहीं कोई
पड़ी वक्त की तगड़ी मार

कैसा विचित्र ये रोग लगा
निदान मिले न मिले निस्तार

मन हल्का हो कहकर मन की
किसपे इतना जोर-अधिकार

ज्यों-ज्यों चाह सिकुड़ती जाए
होता जाए आत्म-विस्तार

जाना अकेले परली पार
ढुलता नहीं तन-मन का भार

असमंजस में 'सीमा' भारी
कैसे करे भवसागर पार।

अरे पगली जरा मुस्कुरा ले

अश्क पलकों में छुपा ले
अरे पगली ! जरा मुस्कुरा ले

मना ले अपनी रूठी किस्मत
सोए हुए अरमान जगा ले

गम भेजे सौगात में उसने
प्यार से उनको गले लगा ले

जिसकी खातिर भूली खुद को
कुछ तो उसके नाज उठा ले

फिर पो ले मुक्ताहार खंडित
फिर रूठा मनमीत मना ले

जाग न जाए पीर है सोई
कर अंधेरा चिलमन गिरा ले

लगे उसे न नज़र किसी की
मन-कोटर में अपने छुपा ले

चुन यादें बुन बसन सजीला
यूँ अपनी मन-देह सजा ले

रिदय के सूने नील-निलय में
यादों की एक बस्ती बसा ले

भभक रही है लौ आख़िरी
आज बुझे सब दीप जला ले

देख तो पौ फटने को आई
दो घड़ी अब आँख लगा ले

चाहतों का ओर न छोर कोई
तू अपनी एक 'सीमा' बना ले

बिखरे ख़नक फ़िज़ां में तेरी
हँसते-हँसाते जग से विदा ले...

हर पल तुमको खोने का डर

हर पल तुमको खोने का डर
फिर से तनहा होने का डर

सोई पीड़ा के जगने का
भाग्य-सितारे सोने का डर

दिल में टीस उठ रही ऐसे
रह-रह जैसे चुभता नश्तर

मुँह छुपा कर बैठे तुमसे
रख कर दिल पर भारी पत्थर

एक बार तो देख इधर लो
रिसते आँसू झर-झर झर-झर

सुकूं नहीं इक पल भी मन को
हाल हो रहा बद से बदतर

सुख पकड़ से छूटते जाते
गम ने दिल में बना लिया घर

हृदय पाषाण हुआ जाता है
हो रही देह घिस-घिस जर्जर

सुख-साधन डसने को आतुर
मार कुंडली बैठा विषधर

देख शुष्क मरुथल-सा जीवन
पलकों पर आ ठिठका जलधर

निशिदिन प्राण कलपते रहते
तुम बिन जीवन लगता दूभर

जान हमारी अटकी तुममें
कितने जन्मों भटकी दर-दर

प्रेम कहाँ बँधता 'सीमा' में
प्रेम कभी ना होता नश्वर...

एक सहेली दूर कहीं

एक सहेली दूर कहीं
बैठी अकेली रो रही
बहते अश्कों के धारों से
मुँह वह अपना धो रही

उसका साथी कोई नहीं
जाने वह कबसे सोई नहीं
समझे न कोई उसकी पीर
किसे दिखाए वो दिल चीर

नाजुक काँधों पर दिल के
वह बोझ गमों का ढो रही

सबको बाँटती स्नेह-नीर
पर खुद सदा प्यासी रही
अरमानों की नदिया भीतर
मचलती बारहमासी रही

घिस लक्कड़ हुए हाथों से
बीज ममत्व के बो रही

चली कतरनी सी जग-जिह्वा
मुक्त उड़ान पे उस सखी की
इतने कोलाहल बीच सबके
सुनता ही कौन उस दुखी की

याद कर बीते पल सुहाने
बिखरे मनके मन के पो रही

भाव उमगते मन-उदधि के
शनै:शनै: स्पंदन शून्य हुए
बनी बैठी पाषाणी प्रतिमा
विगलित सारे ही पुन्य हुए

तारन हारे राम की अपने
बाट युगों-युगों से जोह रही

गम ओढ़े नैन उघाड़े सो रही
एक सहेली दूर कहीं...

आत्माभिव्यक्ति

दिल से नाजुक एक कली हूँ
पर काँटों के संग पली हूँ

बचपन जिया फूल सा कोमल
रही बाबुल की लाडली हूँ

जैसा गढ़ा कुदरत ने वैसी
न चाँद सरीखी मख़मली हूँ

छल-कपट-व्यवहार न जानूँ
सीधी-सरल औ साँवली हूँ

करती थी सबका मनचाहा
कहते थे सब बड़ी भली हूँ

भाग्य-हीनता रही सदा ही
सुनती आयी 'करमजली' हूँ

जब-जब जिसने जैसे चाहा
तब-तब वैसे गयी छली हूँ

कही बात जब अपने मन की
सुना कानों से 'मनचली' हूँ

आँच साँच पर जब-जब आई
टाले से भी नहीं टली हूँ

चाह न थोपी कभी किसी पर
फिर भी किसी को क्यूँ खली हूँ

सिमट सदा अपने तक रहती
मनहूसियत की वो गली हूँ

ढोती रही पहाड़ गमों के
अबला हूँ पर बड़ी बली हूँ

कह मुझे लो नीम सी कड़वी
मीठी न मिश्री की डली हूँ

रंग झूठ का चढ़ा न मुझ पर
साँचे में सच के सदा ढली हूँ

पंख लगाकर अरमानों के
फरफर हवा में उड़ चली हूँ

नियत न मेरी कोई 'सीमा'
निकल कहाँ से कहाँ चली हूँ...

जान है तो जहान है

न सँभले हैं हालात अभी और कुछ दिन घर में रहो
ख्याल रखो अपना-अपनों का न बीच शहर में रहो

संयम से रह किसी तरह ये मुश्किल दिन बिता लो
रहो सुकून से घर में दो रोटी सुकून की खा लो
प्राण हथेली पर ले अपने निकलो न जबरन बाहर
एकांतवास करो निज घर में आई विपद् को टालो

मंडरा रहा है काल देखो दुनिया ही समूची लीलने
ए परिंदों ! इल्तिज़ा ये तुमसे तुम भी शज़र में रहो

जीविका हित दूर रह प्राण कलपते रहे जिनके लिए
आज नसीब से पल मिले ये जी लो इन्हें उनके लिए
"जान है तो जहान है" वरना जग ही सारा मसान है
रहें मिल सब घर में अपने हितकर यही सबके लिए

गिले-शिकवे रह न जाएँ पल ऐसे फिर आएँ न आएँ
अपने रहें नज़रों में तुम्हारी तुम उनकी नज़र में रहो

जान के घाटे से बेहतर अर्थ-व्यापार में घाटा सह लो
जीभर सुनो व्यथा अपनों की जीभर अपनी कह लो
कठिन घड़ी है कठिन चुनौती करो सामना हिम्मत से
कुदरत की सौगात समझ नेह-पिंजर में अपने रह लो

न जोश-ए-वहशत में रहो न ग़म-ए-दहर में रहो
ए गज़ल ! तुम भी कुछ दिन बंद अपनी बहर में रहो...

अंखियाँ बरसें सावन बरसे

अंखियाँ बरसें
सावन बरसे
फिर भी मनवा
प्यासा तरसे

नेह बरसता
आँगन जिसके
लौटे प्यासे
उसके दर से

याद सताए
वो न आए
बिंध गया मन
मनसिज शर से

कैसे कह दूँ
मन की अपने
काँपूं थर-थर
जग के डर से

जाने कैसी
चली पुरवाई
खिसक गया सुख
मेरे कर से

रह ना पाते
इक पल जिस बिन
उसको देखे
बीते अरसे

चाहत मन की
हुई ना पूरी
कैसी घड़ी में
निकले घर से

कई दिनों के बाद

कई दिनों के बाद दिखा है, मौसम खुला-खुला सा
हरा-भरा प्रांगण कुदरत का, लगता धुला-धुला सा

रोमांचित हो धरा आज
खिली हरषाई लजाई
नैनों में कजरा मुस्काया
अधरों पर टिकी ललाई
बहती हवा सुगंधित जैसे चंदन-वन घुला-घुला सा

महुआ हँसा सरसों मुस्काई
ठुमकी आम्र-मंजरी बौराई
रूपसी नार सी प्रकृति सुंदरी
नख से शिख लौं सज आई
झूमे कण-कण सृष्टि का संग-संग हिला-मिला सा

दुबका बैठा एक कोने में
मन अब लेने लगा अंगड़ाई
उत्तरीय उड़ा अरमानों का
चली शीतल सुखद पुरवाई
समशीतोष्ण भाव प्रकृति का एकदम नपा-तुला सा

खनक मस्ती की फ़िजाओं में
घुलित मादकता हवाओं में

पंचम सुर में कूक रही पिक
खुशहाली सबकी दुआओं में
अबीर-गुलाल उड़ाता आया फागुन भी चुलबुला सा

दिन मोती से रातें उजली
ढक लेती जब-तब आ बदली
प्रिय की बाट जोहती विरहन
रोती सिसकती गाती कजली
गुंफित जैसे मानव-मन में सुख-दुःख मिला-जुला सा

कई दिनों के बाद...

परिंदे ख्वाबों के

पंख लगाए सुर्खाब, परिंदे ख्वाबों के
उड़ने को रहें बेताब, परिंदे ख्वाबों के

मन चाहे जहाँ, बेफिक्र उड़ते जाएँ
सहें न कोई दबाब, परिंदे ख्वाबों को

बस्ती में दिल की, रहते भाव-मगन से
जानें न और हिसाब, परिंदे ख्वाबों के

आ बैठें जब-तब, पिंजरे में नयनों के
चूमें खिड़की मेहराब, परिंदे ख्वाबों के

कभी बैठ गुमसुम, तकें ये दर्द जमीं का
कभी छूने चलें महताब, परिंदे ख्वाबों के

बसे हैं सदियों से, दो पलकों के कोटर में
ले चाहत का असबाब, परिंदे ख्वाबों के

छुपते-छुपाते सबसे, साथ प्रिय के डोलें
सहें न तनिक अलगाव, परिंदे ख्वाबों के

साँझ ढले गगन में, निहारें अपलक चाँद
सिर ओढ़े रजत-हिज़ाब, परिंदे ख्वाबों के

विचरें दिल में ऐसे, मानो जागीर इन्हीं की
समझें खुद को नबाब, परिंदे ख्वाबों के

गम के सहरा में नयन होते जब पुर'आब
भींज उठते हो गरकाब, परिंदे ख्वाबों के...

हिज़ाब- परदा, ओट
पुर'आब- पानी से भरा
गरकाब- पानी में डूबना

सोलह श्रंगार

सुघड़ सलोनी रूपसी नार
किए बैठी सोलह श्रंगार

लाल है चोली लाल घघरा
नयन विशाल फब रहा कजरा
माथे बेंदी मांग सिंदूर
गुँथा हुआ वेणी में गजरा

प्रिय-छवि नयनन में साकार
किए बैठी सोलह श्रंगार

माँग टीका लग रहा नीका
चाँद भी उसके आगे फीका
फब रहा बाजूबंद मनोहर
औ कमरबंद कमर-वलय पर

नथ, कर्णफूल, गले में हार
किए बैठी सोलह श्रंगार

हाथ में चूड़ी-कंगना खनके
मुद्रिका हीरक दम-दम दमके
पादांगुली द्वय बिछिया सोहे
महावर पाँव रचित मन मोहे

छम-छम पायल की झनकार
किए बैठी सोलह श्रंगार
सुघड़ सलोनी रूपसी नार...

दीदार चाँद का

रात जब ढलने लगी दीदार हुआ चाँद का
साँस जब थमने लगी दीदार हुआ चाँद का

यूँ तो गम पहले से ही कम न थे जिंदगी में
ये दिल भी अब मेरा बीमार हुआ चाँद का

निर्जला ही बैठी रही मैं तो उसकी राह में
न जानूँ कहाँ रोज़ा इफ़्तार हुआ चाँद का

सबका मन बहलाकर मेरी गली वो आया
मुरझाया-मुरझाया रुख़्सार हुआ चाँद का

नख सा लघ्वाकार था देखा उसे जब मैंने
रफ़्ता-रफ़्ता इतना विस्तार हुआ चाँद का

चाहकर भी मैं उससे तन्हा मिल न पाऊँ
सदा सितारों से लदा दरबार हुआ चाँद का

कर रहा है पैरवी देखो तो उसकी ओर से
आसमां भी आज तो मुख़्तार हुआ चाँद का

रूपमुग्धा मैं बनी सुध-बुध निज बिसराई
मन-उदधि में मेरे अवतार हुआ चाँद का

चित्रलिखित-सी इकटक निहारा करें उसे
कितना आँखों को इंतजार हुआ चाँद का

रात पूनम की आई छिटकी हर सूं चाँदनी
मिलीं सोलह कलाएँ श्रंगार हुआ चाँद का...

सौदागर सपनों का

रात नींद में आया मेरी एक सौदागर सपनों का
कितने ख्वाब दिखा गया मुझको वो सौदागर सपनों का

मैंने पूछा-मोल है क्या?
वह बोला-कोई मोल नहीं
जितना जी चाहे देखो इन्हें
कोई हिसाब कोई तोल नहीं
भर गया आँखों में सपने अनगिन वो सौदागर सपनों का
रात नींद में आया मेरी..

बोला- 'यूँ शरमाओ ना
जरा पास तो मेरे आओ ना
छूकर मन-आँखों से अपनी
तासीर तो इनकी बताओ ना'
भोली अदा से लुभा गया मुझको वो सौदागर सपनों का
रात नींद में आया मेरी..

चाँद-सा उजला उसका रूप
आ रही थी छनकर मीठी धूप
थिरकता मुख पर मृदुल हास
किरनें करती थीं अद्भुत लास
स्नेह-डोर से बाँध गया मुझको वो सौदागर सपनों का
रात नींद में आया मेरी एक सौदागर सपनों का
अनगिन ख्वाब दिखा गया मुझको वो सौदागर सपनों का...

यूँ तो कोई काम नहीं है

यूँ तो कोई काम नहीं है
पर मन को आराम नहीं है

ढल जाए तेरी याद बिना
ऐसी कोई शाम नहीं है

लूँ न एक साँस भी ऐसी
जिसमें तेरा नाम नहीं है

चाहत मन की मन के भीतर
गुम है पर गुमनाम नहीं है

कब से नैन लगे हैं दर पर
पर आया पैगाम नहीं है

चलो सँभलकर प्रेम पंथ पर
पथ ये कोई आम नहीं है

मोल लिया ख्वाबों में चंदा
दूँ क्या, पास छदाम नहीं है

इतना ही क्या कम है यारों
सर पे कोई इल्जाम नहीं है

बद से बदतर काम करे वो
फिर भी तो बदनाम नहीं है

बिन पगार के करते जाओ
नेकी का कोई दाम नहीं है

लिप्त हैं सारे माया-मोह में
मुँह तक आता राम नहीं है

'सीमा' की किस्मत मत पूछो
कर ले कुछ भी, नाम नहीं है...

तुम आराध्य, मैं एक पुजारिन

जग की हकीकत मन के सपने
जब मिल ये दोनों साथ हुए
जन्में अनचाहे गीत कुछ इनसे
वर्जित थे मगर आबाद हुए

तुम आराध्य, मैं एक पुजारिन
तुम सौभाग्य, मैं एक अभागिन
तुम बिन अब मेरा ठौर कहाँ
तुम सा जग में कोई और कहाँ
दर तक तुम्हारे आ न सकी तो
एक झलक तुम्हारी पा न सकी तो
तड़पूँगी जनम-जनम

आस मिलन की छूटी जिस दिन
अलविदा कह जग को उस दिन
फिर-फिर जन्मूँगी, तुम्हें खोजूँगी
बीज नेह के मन में रोपूँगी
फिर भी तुमको पा न सकी तो
करीब तुम्हारे आ न सकी तो
भटकूँगी जनम-जनम

रहे सनातन अब ये जोड़ी
तुम रहो चंदा मैं बनी चकोरी
रोशन करोगे जब जग तुम सारा

मेरे मन का भी धुलेगा अंधियारा
मधुर स्मित की बलवती आस लिए
नजरों में अनबुझी इक प्यास लिए
निहारूँगी जनम-जनम

चाहे दुनिया कितनी बात बनाए
चाहे मुझ पर सौ इल्जाम लगाए
चाहे तुम भी मुँह मोड़ लो मुझसे
चाहे हर नाता तोड़ लो मुझसे
चाहा है तुम्हें तो चाहती रहूँगी
चाहे मुँह से कुछ न कहूँगी
इस धरती पर मैं रीत नेह की
निभाऊँगी जनम-जनम

चाहा है मैंने तुमको इतना
चातक ने बादल को जितना
बुझेगी न तुम बिन प्यास मेरी
अटकी रहेगी तुम में श्वांस मेरी
बाकी है एक भी साँस जब तक
रहेगी मिलन की आस तब तक
रचने इबारत अनन्य प्रेम की
आऊँगी जनम-जनम

सावन-सी घिर-घिर आऊँगी
बदली-सी बरसकर मिट जाऊँगी
जलकण खींच मन-वारिधि से
नेह-घट अँखियों से छलकाऊँगी

ढूँढोगे मेरा पता तुम जब तक
ले लूँगी विदा मैं जग से तब तक
यूँ आँख-मिचौनी संग तुम्हारे
खेलूँगी जनम-जनम

फिर मिलूँगी तुम्हें मैं फिर आऊँगी
कब, कहाँ और कैसे जानूँ न
जाति-धर्म-उम्र,सरहद सब मिथ्या
बंधन मैं कोई ये मानूँ न
कल्पनाओं में तेरी उतर आऊँगी
केनवास पे कोरे बिखर जाऊँगी
अनगिन रूप धर तेरी खातिर
जन्मूँगी जनम-जनम...

रात हमारी तुम बिन

कभी उभरती पीर कभी आस बिखरती है
रात हमारी तुम बिन कुछ ऐसे गुजरती है

दिन ढल जाता यूँ ही कामों के बोझ तले
साँझ हमारी पलकों पे धीमे से उतरती है

रहती है याद तुम्हारी हर पल साथ हमारे
तप विरहानल में मुहब्बत और निखरती है

हवा साथ ले आती खुशबू तुम्हारे बदन की
शाख कोमल मन की कंपती-सिहरती है

बँधती है कभी जब आस तुम्हारे आने की
रुह भी हमारी इठलाती सजती-सँवरती है

चेतना उर्ध्वगामी हो शून्य में हुई समाहित
हुई विलीन प्रिय में खुद से ही अब डरती है

प्रेमातिरेक में बेसुध राधा हो जाती मोहन
पर अधरान धरी बंसरी अधरा न धरती है

चूमती पदचिह्न तुम्हारे बंजारन नयनों की
खोजे तुम्हें अनथक एक ठौर न ठहरती है

कैसी लगी दिल की जिद है तुम्हें पाने की
जितना समझाऊँ इसे उतना ही विफरती है

समा जाती 'सीमा' में असीम उड़ान मन की
परवाज़ परिंदे की जब जग को अखरती है...

ये कैसा मधुमास आया

बुझे-बुझे से दिन
मन उचाट उन्मन
न कोई उमंग न तरंग
ये कैसा मधुमास आया

सूझे न कोई काज
लुटे सकल सुख-साज
स्वप्न हुए सब भंग
ये कैसा मधुमास आया

मन-विहग विकल
नयन सुर्ख सजल
सर्वत्र दुःखद प्रसंग
ये कैसा मधुमास आया

हुआ नसीब नृशंस
करे ख्वाब विध्वंस
सुख फीके बदरंग
ये कैसा मधुमास आया

न खिले अधर के फूल
न उड़े उत्तरीय, दुकूल
न हास उल्लास औ रंग
ये कैसा मधुमास आया

सुप्त मंजीर-मृदंग
रखी एक कोने मुरचंग
शिथिल आज सब अंग
ये कैसा मधुमास आया

कहीं सुकून न चैन
काटे कटे न रैन
डसे खौफ-भुजंग
ये कैसा मधुमास आया

कटी नेह की चंग
हर सूं नयी एक जंग
हुआ समय मलंग
ये कैसा मधुमास आया...

रात में दामन खाली है

रात में दामन खाली है, दिन भर पाँव में छाले हैं
कोई क्या जाने हँसकर गम कितने हमने टाले हैं

लौट वे फिर-फिर आते हैं
खौफ दिखा धमकाते हैं
तस्वीर धुंधली जीवन की
हम बार-बार चमकाते हैं

किस्मत बंदी, ग्रह हैं खोटे, पड़े द्वारे सांकल ताले हैं

हर हक अपना छोड़ा है
शिद्दत से फर्ज निभाए हैं
देनदार न थे हम जिनके
हमने वो कर्ज चुकाए हैं

मन की चौखट पर गुपचुप, दीप चाह के बाले हैं

डग रखा जो प्रेम डगर पर
राह में अनगिन काँटे आए
सुख सोख लिए किस्मत ने
सिर्फ आँसू हमारे बाँटे आए

पसरा तम मन-दीप तले, बिखरे चहुँ ओर उजाले हैं

खरोंच कोई जब लगती है
भरे घाव भी हरे हो जाते है
दर्द कराह संज्ञा शून्य होकर
सुख-दुःख से परे हो जाते हैं

तपती देह पर धैर्य के कोड़े, लगे खूब उछाले हैं

गलती जो की नहीं कभी
सजा उसकी भी पायी है
बदनसीबी खुद चलकर
हिस्से में हमारे आयी है
मन छलनी हुआ हमारा रह रहकर चुभते भाले हैं
एक हूक-सी दिल में उठती है भरे दर्द से नाले हैं...

यूँ आशा हमें बहलाती है

जब दुःख की अति हो जाती है
दिग्भ्रमित मति हो जाती है
एक किरण कौंध कहीं जाती है
यूँ आशा हमें बहलाती है

जब रात अमा की आती है
राका भी नजर चुराती है
एक लौ कहीं जल जाती है
यूँ आशा हमें बहलाती है

जब बदली गम की छाती है
घनघोर घटा घिर आती है
चल चपला चमक तब जाती है
यूँ आशा हमें बहलाती है

अंत निकट जब दिखता है
तम-सा आँखों में घिरता है
अलख-ज्योति राह सुझाती है
यूँ आशा हमें बहलाती है

जब आस का सूरज ढल जाता
उम्मीदों का चाँद मुरझ जाता
एक सीख हमें ज्योतित लौ सी
सुगम एक राह दिखाती है

जीवन में जितने घाव मिले
प्यार से उन्हें सहलाती है
उतार फेंकती तम की चादर
रवि-किरनों से नहलाती है

यूँ आशा हमें बहलाती है...

कितना सच अनजाना तुमसे

कितना सच अनजाना तुमसे
कितना कुछ अनकहा
क्या करना कुछ कहकर अब
रहने दो जो नहीं कहा

कौन सुखी है इस दुनिया में
जो दर्द मैं अपना रोऊँ
बना लूँ दर्द को साथी अपना
सुकून से संग ले सोऊँ

बन्दिशों में रहते-रहते
बन्धनों का आदी हुआ मन
अब क्या करनी मन की अपने
मन ही न जब अपना रहा

सबकी अपनी मर्यादाएँ हैं
सबकी अपनी नियति है
मरे बिना स्वर्ग न मिलता
मिलती किसको सुगति है

जमावड़ा गमों का दिल में
बन गयी पीर हिमालय
गहराता समंदर अश्कों का
बहने दो जो नहीं बहा

हुज्जूम उमड़कर यादों का
मन को क्षणिक बहलाता है
रख काँधे पर हाथ प्यार से
रिसते जख्म सहलाता है

कलपता है मन रह-रह कर
हूक सी दिल में उठती है
ढूह जीर्ण-शीर्ण यादों का
ढहने दो जो नहीं ढहा

औरों की गलती के भी
लगते आरोप हमीं पर
साथ न देकर देव हमारा
बरसाते कोप हमीं पर

छलक पड़े न पीर नयन से
घोंट लिए सब आँसू भीतर
सीकर होंठ सदा अपने
क्या-क्या हमने नहीं सहा

सच
कितना सच अनजाना तुमसे
कितना कुछ अनकहा

भादों की बरसात में

डरती हूँ अकेली तुम बिन साजन, भादों की बरसात में
रुकता ही नहीं एक पल भी आँसू, भादों की बरसात में

काली-काली अँधियारी रातें, उस पर ये घटाटोप बरसातें
अगल-बगल कोई पास नहीं, कर लूँ जिससे मन की बातें
डसती नागिन-सी सेज ये सूनी, भादों की बरसात में

रहो न इतनी दूर यूँ मुझसे , आकर अपने अंक लगा लो
कहीं निकल न जाएँ प्राण मेरे, आके समय से इन्हें बचा लो
बह-बह जाए कजरा नयनों से, भादों की बरसात में

सुना है इन काली रातों में, कोई काला जादू चलता है
कुहक जाल बिछाकर अपना, भोले प्राणों को छलता है
कहीं भटक न जाना पाहुन मेरे, भादों की बरसात में

सूनी आँखों में देखो मैंने, छवि एक तुम्हारी आँकी है
बाँकी सलोनी मोहिनी मूरत, दिल में अपने टाँकी है
निहारूँ अपलक मैं राह तुम्हारी, भादों की बरसात में

रुकता ही नहीं एक पल भी आँसू, भादों की बरसात में
डरती हूँ अकेली तुम बिन साजन, भादों की बरसात में...

छीज रही है धीरे-धीरे

छीज रही है धीरे-धीरे मेरी साँसों की डोर
अधरों पर है हास भीग रही नैनों की कोर

बाहर पसरा सन्नाटा है भीतर पिराना शोर
तकूँ तुझे मैं ऐसे चंदा को ज्यों तके चकोर

दूर से ही सुन स्वर तेरा खिल उठती मैं ऐसे
श्यामल घन की सुन गर्जना नाचे जैसे मोर

आजा मेरे चाँद रूप-छटा दिखा जा अपनी
बीत न जाए कहीं रैना रीती हो न जाए भोर

भरमाए सदा मन मेरा नज़र कहीं न आए
ध्याऊँ तुझे मैं मीरा-सी छुपा कहाँ चितचोर

मैं ही न रही अब मुझमें ढूँढ-ढूँढ जग हारा
तू ही तू बस आए नजर देखूँ मैं जिस ओर

अनगिन रूप तू धारे अनथक तुझे निहारूँ
टूटे न तन्द्रा मेरी ए पवन न मुझे झकझोर

छल-प्रपंच दुनिया के बैठे सब जाल पसारे
उलझता जाए जीवन मेरा हाथ न आए छोर

बंधन कटे 'सीमा' का, उड़ असीम तक जाऊँ
भीजे तन-मन मेरा, बरसें नेह-घन घनघोर...

पल वो अद्भुत खास होता

जब तुम मेरे पास होते
पल वो अद्भुत खास होता
बँध नेह-बंधन में तुम्हारे
मुक्ति का आभास होता

चखके सब रस देखे जग के
स्वाद सभी का फीका लगता
याद तुम्हारी, बात तुम्हारी
साथ तुम्हारा नीका लगता

दूर से ही छवि देख तुम्हारी
मन-भीतर उल्लास होता

उदास कभी जो मैं हो जाती
प्यार से तुम मुझको समझाते
उबार लेते मुझे गम से मेरे
मीठी बतियों से मन बहलाते

नहीं अकेली मैं दुनिया में
मन में सघन विश्वास होता

तुम चन्दा मैं रात साँवली
रम तुममें उजली हो जाती
मधु रसकण तुम ढुलकाते

ओढ़ चाँदनी मैं सो जाती
कल की कोई फिक्र न होती
मुख पर निर्मल हास होता

आया मौसम त्यौहारों का
पर मन मेरे कोई उमंग नहीं
लगते सारे नजारे धूमिल
लुभाता मुझे कोई रंग नहीं

होते गर तुम साथ मेरे
हर मौसम मधुमास होता

जब तुम मेरे पास होते
पल वो अद्भुत खास होता...

कोई भाव न रहा

कोई भाव न रहा
कोई ख्वाब न रहा
ऐ जिंदगी, हमें तेरा
कोई चाव न रहा

मृत आज मन हुआ
मिट गए दर्द सभी
कोई जख्म न रहा
कोई घाव न रहा

कारवां उजड़ गया
पासवां बिगड़ गया
कोई मोल न रहा
कोई भाव न रहा

धूमिल हुए नेह-रंग
चाह की कटी पतंग
कोई जोश न रहा
कोई ताव न रहा

सुख भी जीभर जिया
दुःख भी जीभर जिया
पा लिया सब ही यहाँ
कोई अभाव न रहा

जो तूने चाहा, किया
जो मुझसे हुआ, किया
ऐ जिंदगी तेरा-मेरा
कोई हिसाब न रहा

दिन उजले भी लद गए
रात भी काली कट गयी
वो आफताब न रहा
वो मेहताब न रहा

झर गए पात सभी
ठूँठ बस खड़ा रहा
कोई सवाल न रहा
कोई जबाब न रहा

ऐ जिंदगी, हमें तेरा
कोई चाव ना रहा...

ऐसे नहीं मरेगा रावण

पुतले जितने फूँकोगे उतना अट्टहास करेगा रावण
ऐसे नहीं मरेगा रावण
जितने शीश हरोगे उसके उतने रूप धरेगा रावण
ऐसे नहीं मरेगा रावण

जिस रावण को तुम चले मारने वो तो अब है ही नहीं
जिस त्याग से राम ने मारा भाव वो तुममें है ही नहीं

मारना चाहते हो यदि रावण
अपने अहम का रावण मारो
यूँ ही खुद को राम न समझो
खुद गर्जी का दानव संहारो

रहेगा मन विकृत जब तक भीतर वास करेगा रावण
ऐसे नहीं मरेगा रावण

मारना चाहते हो गर रावण मन-वाण साधना सीखो
विषयासक्त निज इंद्रियाँ संयम-डोर से नाथना सीखो

मर्यादित तुमको होना होगा
त्याग राम-सा करना होगा
अपने भीतर का हर विकार
सर्वप्रथम तुमको हरना होगा

रोपोगे जो रामत्व खुद में खुद ही आन मरेगा रावण
ऐसे नहीं मरेगा रावण

पुतले जिसके फूँक रहे तुम वह तो राम का रावण था
था अति ज्ञानी बलशाली नहीं तुम जैसा साधारण था

खातिर बहन की सिया हरी
हाथ न लगाया रखी खरी
देवानुदानित, वरदानित वह
नाभि उसकी अमृत से भरी

प्रतिद्वंद्विता राम से उसकी उन्हीं के हाथ मरेगा रावण
ऐसे नहीं मरेगा रावण

पुतले जितने फूँकोगे उतना अट्टहास करेगा रावण
जितने शीश हरोगे उसके उतने रूप धरेगा रावण
ऐसे नहीं मरेगा रावण...

हम बढ़ें शिखर की ओर

मशाल ज्ञान की लिए हाथ में
हम चलें प्रगति की ओर
अथक गति चरणों में भरकर
हम बढ़ें शिखर की ओर

दें कुरूप को रूप सलोना
उजला हो घर का हर कोना
दारिद्रय मिटे,समृद्ध बनें सब
बिखरा हो कण-कण में सोना

छोटे पर कर्मठ हाथों से
हम छू लें नभ के छोर
सुंदर मन, सत्य समन्वित ले
हम बढ़ें शिवम् की ओर

अज्ञान तिमिर हर लें जग से
हम नन्हें-नन्हें दीप
मोती-सी तरलता लिए हृदय में
हम दमकें जैसे सीप

जीत हार में साथ रहें हम
थामे प्रीत की डोर
मिट जाए तम जीवन से
ले आएँ ऐसी भोर

हम बढ़ें शिखर की ओर...

जानती हूँ नसीब में मेरे

जानती हूँ नसीब में मेरे
जुगनू भर की चमक नहीं है
तमस मेरे गम का अमा
निशा से भी अधिक घना है

अबीर-गुलाल उड़ाए न मैंने
फुलझड़ियाँ भी नहीं जलाईं
चिन दिया मन-आँगन अपना
खिड़की-सांकल नहीं बनाईं

हर दिन सूरज उगता नभ में
किरण लास न मुझ तक आए
खुशी की एक लहर का
मुझ तक आना सख्त मना है

अधूरे रहे सब मन-मंसूबे
ख्वाब सभी अश्कों में डूबे
कोई यकीं करे भी तो कैसे
घटे जीवन में विकट अजूबे

मृग मरीचिका-सा जग सारा
कितना ललचाए मन भरमाए
'सपने भी कहीं सच होते हैं'
महज ये कोरी कल्पना है

उदासी चिर संगिनी है मेरी
कभी जुदा न होती मुझसे
कवच-कुंडल सी चिपकी है
जन्म से ही यह मेरे तन से

अजब कशमकश है अंतर में
टीस-सी उठती है रग-रग में
किस पीर को दिल से लगाए
कह माँ तूने मुझे जना है

सादगी लिपटी रही दामन से
छल-कपट से रही दूर सदा
सीधे रस्ते चल खाई ठोकर
किस्मत में जाने क्या है बदा
खेल निराले कुदरत के,
जग विधि की अनूठी सर्जना है

जीवन-जंग में हर दम हारे
ढले अश्क बन अरमां सारे
गम-शिशु सीने से चिपकाए
जीते रहे बस मन को मारे

सावन की बदली-सा जीवन
झर-झर बरसना मिट जाना
एक कोना भी विस्तृत नभ का
मेरे लिए नहीं बना है...

हकीकत है ये फसाना नहीं है

हकीकत है ये फसाना नहीं है
है अनुभव सिद्ध अजाना नहीं है

हाथ रखती दुखती रग पे दुनिया
खुशी में शामिल जमाना नहीं है

मुश्किलें कितनी भी आएँ पथ में
मगर लौट वापस आना नहीं है

जगो साधना में करो रत तन-मन
बिस्तर पलट अब बिछाना नहीं है

बेशक प्रलोभन लुभाएँ जग के
लालच में तुमको आना नहीं है

कर्मठ बन जुटो कर्म में लगन से
हो काम कैसा लजाना नहीं है

रहो एकजुट हो घर में प्रभु के
ऊँचा उससे घराना नहीं है

चरणों में उसके समर्पित जीवन
सिवा उसके और ठिकाना नहीं है

वक्त आखिरी बोझ रहे न मन पर
कर्ज तो कोई चुकाना नहीं है

झेलो हँस के सितम जग के 'सीमा'
अश्कों में जीवन डुबाना नहीं है

लेखनी तुम्हारी रहे सलामत
बड़ा इससे कोई खजाना नहीं है...

ए रुह मेरी तू चंद पलों को

ए रुह मेरी तू चंद पलों को
जा प्रिय से मेरे मिलकर आ
जा दबे पाँव से चुपके-चुपके
हाले दिल उनका लेकर आ

पड़ी माथे उनके एक अलक
जगाए प्यार की मधुर ललक
चूम आ तू उनींदी पलकों को
भर ला आँखों में प्रिय झलक
खुद को बिसारूँ, उन्हें निहारूँ
छवि ऐसी मधुर आँककर ला

सोए मिलें अगर प्रियवर मेरे
लिये नयनों में ख्वाब मृदुल
गर्व से दीपित मुखमंडल पर
थिरकती हो मुस्कान अतुल
हौले से, मासूम कपोलों की
मुस्कान लबों पर लेकर आ

औरों का ख्याल तो रखते हैं
पर खुद की उन्हें परवाह नहीं
सबकी चाह करते हैं पूरी, पर
अपनी उनकी कोई चाह नहीं
तू प्यार से उनके तन-मन को
सहला के सारी थकन मिटा

भोली भाली शक्ल है उनकी
सबपे भारी अक्ल है उनकी
ऐसी निराली है उनकी अदा
देखेगी जो तू भी होगी फिदा
तुझे रुचे जो सबसे ज्यादा
छवि ऐसी मधुर छाँटकर ला

बहुत प्यारी हैं उनकी बातें
हँसते-हँसते कट जाएँ रातें
भींज जाता मन भीतर तक
होतीं जब प्यार की बरसातें
सूनी-सूनी अँखियों में अपनी
कजरा लाज का आँज के जा

पहचान तो उन्हें तू लेगी ना
देख जा कुछ छवियाँ न्यारी
चाँद-सा उजला रूप सलोना
भोले शंकर-सी सूरत प्यारी
बाँकी छवि कान्हा-सी उनकी
तू दिल में अपने टाँककर जा

भोली सी उस मुखाकृति पर
क्यों उदासी की परतें गहरी
पथ में इतने अवरोध हैं कैसे
जिंदगी जहाँ आकर है ठहरी
क्यूँ इतने गम पाले हैं मन में
तू भीतर उनके झाँककर आ

ए रुह मेरी तू चंद पलों को
जा प्रिय से मेरे मिलकर आ
पावन रज चरणों की उनके
मस्तक पर मेरे लाके सजा
करके पूरी ख्वाहिश ये मेरी
आहिस्ता मुझमें आन समा

ए रुह मेरी तू चंद पलों को...

कह दो इन आँसुओं से

कह दो इन आँसुओं से, वापस न आना
मुझे साथ सनम के, भाता है मुस्कुराना

न जाने क्यों है रूठा, ख़ता क्या थी मेरी
तेवर तो देखो उसके, कैसे हैं कातिलाना

लाख जतन करके, हाय रे मैं तो हारी
कोई तो मुझे सिखाए, कैसे उसे मनाना

जाऊँगी अब कहाँ मै, जानता है वो भी
उस बिन नहीं जहां में, मेरा कोई ठिकाना

अपनी-अपनी धुन में, मगन यहाँ तो सारे
सुने न कोई मेरी, बड़ा मगरूर है जमाना

याद आए रह-रह, वो गुजरा हुआ जमाना
समां वो हद से प्यारा, बातें वो आशिकाना

चैन चुराएँ मन का, सुकून भी हर लें सारा
कातिल निगाहें उसकी, मौसम वो शातिराना

बात कभी न मेरी मानी, की सदा मनमानी
ए वक्त, अब तो तुम ही उसके नाज उठाना

रूठा रहे वो मुझसे, न देखे चाहे पलट के
मैयत पे मेरी पल भर, कोई उसे ले आना

उसने जो भी चाहा, हर बात उसकी मानी
अब जैसे उसे पसंद हो, वैसे मुझे सजाना

लंबी उमर को उसकी, उपवास मैंने रखा
मन-मानस में बिंबित, देखा रूप सुहाना

जहाँ-जहाँ वो जाए, उसे याद दिलाए मेरी
गुंजित हो हर दिशा में, ये मेरा नेह-तराना

समर्पित तुम्हें फिज़ाओं, मनके मेरे मन के
मैं न रहूँगी जब, तुम्हीं इनको गुनगुनाना

मैं बस उसकी 'सीमा', विस्तार है वो मेरा
कैसे उसे मैं ढूँढूँ, कहाँ उसका आशियाना...

गो कोरोना, गो कोरोना

ये करो ना
वो करो ना
क्या करो औ'
क्या करो ना
जां साँसत में
आ रहा रोना
गो कोरोना
गो कोरोना

साथ न रहना
साथ न सोना
सोते हैं लेकर
अलग बिछोना
हो न जाए
कुछ अनहोना
गो कोरोना
गो कोरोना

बाहर न जाओ
मास्क लगाओ
अपने ही घर में
गश्त लगाओ
सूना जग का
कोना-कोना
गो कोरोना
गो कोरोना

प्रच्छन्न रूप में
क्यों तुम आए
घात भी करते
नज़र छुपाए
हिम्मत है तो
खुलके मिलो ना
गो कोरोना
गो कोरोना

भेजे हो किसके
कुछ तो बोलो
चुप न रहो यूँ
राज तो खोलो
छुप-छुपकर यूँ
वार करो ना
गो कोरोना
गो कोरोना

लगते कोई
असुर मायावी
नजर न आए
कहीं छाया भी
वीरप्रसू जमीं पर
यूँ छल-छद्म वरो ना
गो कोरोना
गो कोरोना

जहाँ से आए
जाओ वहीं अब

बेवजह यूँ न
सताओ हमें अब
ढीठ से आखिर
जमे रहो ना
गो कोरोना
गो कोरोना

लॉक डाउन
हुए हम घर में
अपराधी से
अपनी नजर में
बिन गलती के
दण्ड मिले तो
कहो, आए न
किसको रोना
गो कोरोना
गो कोरोना

निज गृह में हम
बंदी तुम्हारे
जड़-सा जीवन
जीते हारे
कैद से अपनी
मुक्त करो ना
गो कोरोना
गो कोरोना...

करना कृपा ओ शेरा वाली

मेरे बिछुओं की लम्बी उमर हो
मेरी बिंदिया चंदा-सी अमर हो
मुरझाए कभी न माँग की लाली
करना कृपा ओ शेरा वाली

दिल में उनके मेरी कदर हो
प्यार भरा जीवन का सफर हो
उल्फत का रुपया निकले न जाली
करना कृपा ओ...

तेरी कृपामयी नजर जिधर हो
रुख हर सुख का सदा उधर हो
पूरी हो मन्नत मन में जो पाली
करना कृपा ओ...

चरणों में तेरे अनुराग अटल हो
निर्मल मुकुर-सा मन का पटल हो
तेरे दर से झोली जाए न खाली
करना कृपा ओ...

तेरी जगती में सबको सुख हो
अश्कों से भीगा एक न मुख हो
फूले-फले घर-घर की डाली
करना कृपा ओ शेरा वाली...

दूर क्षितिज के छोरों से

दूर क्षितिज के छोरों से
इंद्र धनुषी रंगीं डोरों से

आते संदेशे प्रणय-भरे
हवा के मस्त झकोरों से

आतीं स्मृतियाँ छन-छन
अतीत के हसीं दौरों से

झाँकती उषा उझक कर
बचके निशा के पहरों से

चली आई भोर सुहानी
भू के अजस्र निहोरों से

गूँजती हैं सकल दिशाएँ
पंछी की अस्फुट रोरों से

लजाती सकुचाती कली
गुनगुन करते भौरों से

महक रहा उपवन सारा
अमुवा की भीनी बौरों से

हिम-बिंदु ढुलकते-ढलते
पुष्प-नयन की कोरों से

पंछी प्यास बुझाते देखो
वृक्षों पर लगे सकोरों से

कुदरत के क्रीडांगन की
क्या मिसाल दूँ औरों से

मन-पेटी में पल ये सुहाने
रखूँ छुपा कर वक्त के चोरों से

चल बैठें 'सीमा' चंद घड़ी
बचकर जग के शोरों से...

तुम मलयज शीतल चंदन हो

जीवन मेरा तपती दुपहरी
तुम मलयज शीतल चंदन हो

तुमसे मिलकर
जाना यह मैंने
तुम जीवन का आकर्षन हो

शब्दों में तुम्हें बाँधू कैसे
पकड़ नहीं तुम आते हो
एक झलक मोहक दिखलाकर
फिर ओझल हो जाते हो

तुम में खोकर
जाना यह मैंने
तुम ही जीवन का दर्शन हो

मेरे मन को मंदिर-सा
पावन तुमने बना दिया
स्पर्श कर मेरी ज्वलित वेदना
चंदन-सा शीतल बना दिया

नयन मूँद कर
जाना यह मैंने
तुम ही मेरी पूजा-अर्चन हो

सींच मेरे मन की क्यारी
जीवन को महकाया तुमने
जिजीविषा का स्फुलिंग
मन में मेरे दहकाया तुमने

तुम संग जीकर
जाना यह मैंने
तुम जीवन का स्पंदन हो

बैठी रही मैं आस लगाए
पलक-पाँवड़े राह बिछाए
अटके रहे प्राण अधर में
जब तलक तुम नजर न आए

पलभर बिछड़कर
जाना यह मैंने
तुम प्राणों की धड़कन हो

नजरों से भले ही दूर रहो
मन में सदा समाए रहना
जी न सकूँगी बिना तुम्हारे
बस यूँ ही प्यार बनाए रहना

रूह से लिपट कर
जाना यह मैंने
तुम एक सबल अवलंबन हो

चित्रलिखित-सी जड़ीभूत हो
अहर्निश मैं तुम्हें निहारूँ
कान्हा-सा सम्मोहन तुममें
मैं मीरा-सी तुम्हें पुकारूँ

बँध प्रेम-पाश में
जाना यह मैंने
तुम मेरा मर्यादित बंधन हो...

चाँद मेरा नहीं, न कभी होना है

चाँद मेरा नहीं, न कभी होना है
संग तारिकाओं के उसे रहना है

मोल बिकता नहीं बाजार में वो
है अनमोल, न कोई खिलौना है

शीत करों से अपने छू रहा मुझे
मन-विभ्रम है ये या जादू-टोना है

तक रहा मुझे वो टकटकी लगाए
खुली आँखों का सपन सलोना है

रात भर जगाए मन मेरा भरमाए
रोज तड़के बिछोह फिर होना है

रूप है रुपहला चाँदी-सा उसका
फबता माथे पर नज़र डिठोना है

करूँ लाख जतन छू न पाऊँ उसे
वो क्षितिज पर बजूद मेरा बौना है

आया बनठन सोलह कलाएँ धारे
लिए अंक में मृदुल मृग छोना है

रजत रश्मियों से बुना ताना-बाना
हंस-सी श्वेत ओढ़नी व बिछोना है

नींद खोऊँ या साथ हसीन उसका
यकीकन आज कुछ तो खोना है

रात है पूनम की, देखूँ उसे जी भर
बाद चाँदनी के गम ही तो ढोना है...

पर्व है दीवाली

पर्व है दीवाली, प्रकाश चरम है
फिर भी कोने-कोने पसरा तम है

दीए तो अनगिनत जले हैं आज
कहो तो कितना छँट पाया तम है

निज वैभव-प्रदर्शन में रत सारे
किसे है खबर कहाँ कितना गम है

कथनी कुछ और करनी कुछ है
स्थिति बड़ी विकट औ' विषम है

सिर्फ कहने भर से काम हों पूरे
कर्मपथ न इतना सहज, सुगम है

दीप बन, तमस हरे जो जग का
जिगरे में न किसी के इतना दम है

कौन सुने किसी की, कौन झुके
सबका ही अपना-अपना अहम है

राम-राज्य का स्वप्न है दुष्कर
व्यवस्था में ही जब पेच ओ' ख़म है

मरीचिका सम जग ये लुभाए
क्यों सुख का 'सीमा' पाले भरम है...

जब आया बरसात का मौसम

जब आया बरसात का मौसम
संग लाया जज्ब़ात का मौसम

उंगली अधर पर धरता आया
मन से मन की बात का मौसम

खड़ा द्वार पर दे रहा दस्तक
प्रेम-भरी सौगात का मौसम

चाँदनी संग ले छिप गया चंदा
घुप्प अंधियारा रात का मौसम

रह-रह याद मुझे अब आए
हुई उनसे हर बात का मौसम

दिल पे छाप अमिट छोड़ गया
उस हसीं मुलाकात का मौसम

उफ़ वो छुअन, वो आलिंगन
भूलूं न वो जुमेरातका मौसम

मीठी अगन में झुलसे विरहन
रूठ गया अब प्यार का मौसम

मुरझी हर आस, बरसें दो नैना
तनहा रातें, बरसात का मौसम

नाजुक मन कहो, सहे तो कैसे
पाहन सम आघात का मौसम...

रूप है उसका प्यारा-सा

रूप है उसका प्यारा-सा
लुभाता साँझ का तारा-सा

मुखड़ा ज्यों चंदा का हाला
तन रेशम का लश्कारा-सा

मन है सजल निर्मल दर्पन
गंगा की पावन धारा-सा

खींचे मन-डोर अपनी ओर
झील में तिरता शिकारा-सा

मन को मेरे भा गया ऐसे
चौकड़ी भरता चिंकारा-सा

पाकर उसे पा लिया मैंने
खुशियों से भरा पिटारा-सा

बहा करता बातों से उसकी
खुशी का एक फव्वारा-सा

टिकता न कभी एक जगह
चहुं दिसि फिरे बंजारा-सा

उदासीन कभी यूँ हो जाता
लगता अपनों से हारा-सा

हक छिनता देख किसी का
सुलग उठता वो अंगारा-सा

रह-रहकर आँख से उसकी
आँसू एक रिसता खारा-सा

राह न सूझे कोई उसे जब
फिरता बस मारा-मारा-सा

मेरे लिए वह बनकर आया
दुखते मन का सहारा-सा

एक जनम में दे गया मुझको
कितने जन्मों का उधारा-सा

जाए जहाँ बस बाँटे खुशियाँ
सुखद संदेशे दे हरकारा-सा

'सीमा' में नेह की बाँध मुझे
कर गया मन में उजियारा-सा...

सँभाल तू खुद अपनी पतवार

लुटाता रहा तू सब पर प्यार
कभी तो अपनी ओर निहार

स्वार्थ ग्रसित है जग ये सारा
सिर्फ अपने मतलब का यार

जगती हँसती सुख में अपने
तू क्यों ढोए अश्कों का भार

तू ही नहीं जब अपना होगा
कौन करेगा तुझपर उपकार

रे मन पगले, मान ले अब तू
न कर यूँ खुद पर अत्याचार

गिरती दिन-दिन सेहत तेरी
पड़ेगा एक दिन लंबा बीमार

काट बेड़ियाँ मोह-ममता की
छोड़ेगी संतति बीच मंझधार

घटता जाए तिल-तिल जीवन
किस पल का है तुझे इंतजार

अपनी खुशी में खुश हो तू भी
जी मस्ती में दिन बचे जो चार

कोई न खेवट जीवन-नैया का
सँभाल तू खुद अपनी पतवार

राम-नाम रमा ले रोम-रोम में
करेगा वही बस बेड़ा पार

उस असीम का अंश है तू भी
लघु 'सीमा' पर कर न विचार...

रहे चिर नूतन नेह हमारा

रात निखर उठती है जैसे चंदा को निज अंक लगाकर
मैं भी निखर उठूँगी वैसे ही साथ तुम्हारा अद्भुत पाकर

नहला चाँदनी में अपनी तुम अमृत-कण ढुलकाते रहना
चैन से मैं भी सो जाऊंगी नैनों में तुम्हारी छवि बसाकर

देख उनींदी पलकें मेरी मीठी बतियों से मन बहलाती
मुझमें दम भरती है राका किस्से नेह के मुझे सुनाकर

सुध-बुध बिसराकर खुद की यादों में उसकी खोई रहती
राह अगोरा करती उसकी अहर्निश मैं पलक बिछाकर

कहे ये दुनिया मुझको काली पर मैं कितनी गौरवशाली
तारों से मेरी माँग सजाता वो चाँद दुल्हन मुझे बनाकर

युगों-युगों तक संग रहने की रस्में वह सारी पूरी करता
साथ ले जाता पौ फटते ही डोली जग से विदा कराकर

आई न एक घड़ी भी ऐसी साथ जो उसने छोड़ा हो मेरा
रहे चिर नूतन नेह हमारा अनंत पलों का साथ निभाकर

कितने संबंध टूटते जमीं पर पर साथ न हमारा छूटा
सारे उलाहने भूल मैं जाती एक झलक ही उसकी पाकर

लुकाछिपी कभी खेला करता छुप जाता मेघ-घटाओं में
रूठ जाती तो खूब मनाता मासूम अदा से मुझे लुभाकर

नेह भरे नयनों से जब वह अपलक मुझे निहारा करता
ढक लेती मुखड़ा करतल से मैं तारों की ओट लजाकर...

अबला नहीं अब नारियाँ

अबला नहीं अब नारियाँ
सबला समर्थ हुईं नारियाँ

भर हुंकार गर्जना करतीं
शक्ति-समन्वित नारियाँ

भरतीं नित ऊँची उड़ान
सुनेंगी न अब 'बेचारियाँ'

हर क्षेत्र में बढ़ कर आगे
निभाती हैं जिम्मेदारियाँ

भीतर रह चारदीवारी के
घुटेंगी न अब सिसकारियाँ

होगा खाक गुरुर नर तेरा
भड़क जो गयीं चिंगारियाँ

राह में आने वाली सारी
मेटेंगी चुन-चुन दुश्वारियाँ

सृष्टि की सुंदर बगिया की
हैं ये सुरभित फुलवारियाँ

होगा सूना नर आँगन तेरा
घोट न नन्हीं किलकारियाँ

आई बारी अब नारियों की
तूने खेल बहुत लीं पारियाँ

अस्तित्व के प्रश्न पर 'सीमा'
धरी रह जातीं सब यारियाँ...

इश्क आसान नहीं होता है

मन-सीपी याद सँजोता है
कभी हँसता कभी रोता है
सुख चैन खुदी सब खोता है
इश्क आसान नहीं होता है

उसकी यादें उसकी बातें
उसके सपने बुनती रातें
विकल मन करता हाहाकार
मिलतीं अश्कों की सौगातें
हँस भार गमों का ढोता है
इश्क आसान नहीं होता है

जग से बेगाना रहता है
खुद से अंजाना रहता है
गुमसुम-गुमसुम खोया रहता
पर गम न किसी से कहता है
पग अपने कंटक बोता है
इश्क आसान नहीं होता है

राह इसकी बड़ी पथरीली
चाह भी है अति नखरीली
मन आँकता छवि प्रिय की
रहती हरदम आँख पनीली
एक पल न चैन से सोता है
इश्क आसान नहीं होता है

गम खाकर औ' आँसू पीकर
जीवन का गुजारा करता है
डूबा रहता याद में प्रिय की
खुद को ही बिसारा करता है
बड़ा अजब नज़ारा होता है
इश्क आसान नहीं होता है

अंगार-सा जलना होता है
बादल-सा बरसना होता है
बिंधता कली-सा शूलों से
तब हार रिदय का होता है
अश्कों में लगाता गोता है
इश्क आसान नहीं होता है

पर इश्क न हो गर जीवन में
जीने का मज़ा कहाँ आता है
प्रिय-छवि न हो जो नैनन में
मन-पृष्ठ कोरा रह जाता है
बहता छलछल नीर नयन से
विकार सब मन का धोता है

इश्क आसान नहीं होता है...

स्मृति-बिम्ब उभरे नयन में

दुआ-बद्दुआ जिस-जिस से मिली फलती रही
किस्मत भी टेढ़ी-मेढ़ी चाल अपनी चलती रही

झुलसता रहा जीवन संघर्ष-अनल-आवर्त में
प्रीत-वर्तिका भी मद्धम बीच रिदय जलती रही

नेह प्यासा मन भ्रमित हो तप्त मरू तक आया
मरीचिका-सी जिंदगी भुलावा दे दे छलती रही

साँझ ढले घिर आया तमस अमा का जिंदगी में
भीगी-भीगी सी शम्आ बुझती रही जलती रही

उफ, कैसा नूर था उस चन्द्र-वलय से आनन में
हर शब ही मन में चाँदनी घुलती-पिघलती रही

यूँ ही जगते रात बीती नींद कहाँ और चैन कहाँ
स्मृति-बिम्ब उभरे नयन में चित्रपटी चलती रही

तामझाम समेट सब जग से बैठी 'सीमा' राह में
मौत दर तक आते-आते जाने क्यों टलती रही...

सुन, चरणों की भयंकर थाप

मंडरा रही विभीषिका विनाश की
चल रहा प्रकृति-चक्र उलट दिशा में
जानकर भी तो अनजान है मानव
बढ़ता ही जा रहा गहन निशा में

तांडव नृत्य कर रही प्रकृति
सुन, चरणों की भयंकर थाप
अंधाधुंध कटे निरीह वृक्षों का
होने लगा फलित अभिशाप

जाग उठी है, प्रकृति-सुकुमारी
जैसे आज की नारी
अब भी शोषण नहीं रुका तो
पड़ सकता है भारी
हर सुख तेरा उड़ जाएगा
पल-भर में बनकर भाप

प्रकृति माँ है, सहचरी है
सुख-दुःख में तेरे साथ खड़ी है
हारे-थके तेरे प्राणों में
नवल चेतना सदा भरी है
युग-युग से सहती आई है
जुल्म तेरे चुपचाप

जिसके आँचल में पला-बढ़ा तू
उसे ही झुकाने आज खड़ा तू
स्वार्थ में अपने अंधा होकर
कैसी जिद ये आज अड़ा तू
अपनी अधमता, उसकी ममता
जरा देख तो ले तू नाप

जल्दी कयामत आ सकती है
आपदा ये गजब ढा सकती है
फट गए जो बादल विक्षोभों के
नर तेरी शामत आ सकती है
विद्रोह की धधकती ज्वाला में
तू जल जाएगा अपने आप

अब भी कदम हटा ले, गर
तू स्वार्थ भरी मंजिल से
तेरे सभी गुनाहों को वह
भुला देगी अपने दिल से
समरसता धरा पर लौटेगी
मिट जाएंगे स्वतः सब ताप

न उखाड़ वृक्षों को जड़ से
माँ धरती का श्रृंगार हैं ये
ए मनुज, जरा तो सोच जरा
तेरे जीवन का आधार हैं ये
कर संरक्षण जतन से इनका
जीवन फूले-फले निष्पाप...

जी करता है

जी करता है, जी भर रो लूँ
अश्कों से अपना हर गम धो लूँ

आज मैं तनहा खाली-खाली
कैसे रात कटे ये काली
शायद मन कुछ राहत पाए
बिखरी यादों के मनके पो लूँ
जी करता है, जी भर रो लूँ
अश्कों से अपना हर गम धो लूँ

एक तरफ हों सुहानी घड़ियाँ
औ' दूजे पर अश्कों की लड़ियाँ
जीवन-तुला के दो पलड़ों पर
सुख-दुःख दोनों रखकर तोलूँ
जी करता है, जी भर रो लूँ

सोचा न था ये दिन आयेगा
नन्हा सुख भी छिन जाएगा
कुदरत की सौगात समझकर
भार गमों का हँस कर ढो लूँ
जी करता है, जी भर रो लूँ

भर-भर जिस पर प्यार लुटाया
पल-भर में उसने किया पराया

दरकते काँच-से रिश्ते-नाते
मन है भारी किससे क्या बोलूँ
जी करता है, जी भर रो लूँ

कलपता है रह-रह मन मेरा
पलकों-तले घिर आया अंधेरा
सूत है नाजुक उलझी नेह-डोर
छोर बिलटे उलझन कैसे खोलूँ
जी करता है जी भर रो लूँ

छलके भर-भर आँख से पानी
रुकती नहीं पलभर भी रवानी
शायद उग आए सुखद सवेरा
कुछ किरनें उम्मीद की बो लूँ
जी करता है जी भर रो लूँ
अश्कों से अपना हर गम धो लूँ...

चल रे मन, फिर खेलें होली

चल रे मन, फिर खेलें होली
होनी जो होनी थी हो ली

तड़के उठ मल दी उषा ने
रवि के माथे कुंकुम-रोली

हसरत में भर कुदरत ने भी
रंग-पिटारी अपनी खोली

मधुर स्मित से पूर्ण चंद्र ने
रजत-पात्र में मदिरा घोली

ब्याह निशा को संग ले जाने
लाया चाँद सजाकर डोली

गंध महुआ की रंग टेसू के
मिल सबने मादकता घोली

कूक रही कोयलिया काली
सरल सलोनी मन से भोली

बौराया फागुन मस्ती में
आया खाकर भंग की गोली

गली-गली हुड़दंग मचाएँ
बच्चे बना-बना कर टोली

भर पिचकारी प्रिय ने मारी
भीगी चनिया भीगी चोली

प्रिय-रंग में रंग जाएँ सारे
भरे खुशी से सबकी झोली...

पानी है जब तक, जीवन है

बसता है जीवन पानी में
खिलता है जीवन पानी में

सूरज का गोला भी थककर
पाता नव जीवन पानी में

नेह-निमंत्रण पा उदधि का
उतर आए चंदा भी पानी में

मोती सच्चे वही ला पाए
उतर जाए जो गहरे पानी में

रंग में उसी के रंग जाए पानी
जो भी जो मिलाए पानी में

इंसानी फितरत है कैसी
जो ये आग लगाए पानी में

मर जाए गर आँख का पानी
मिल जाए प्रतिष्ठा पानी में

अमृत है, जीवनाधार है पानी
घातक जहर न घोलो पानी में

पानी में घट या घट में पानी
फूटे घट, मिले पानी पानी में

खिले आत्मा परम तत्व संग
जैसे कमल, सरोवर पानी में

बना रहे अग-जग में पानी
सार छुपा जीवन का पानी में

पानी है जब तक, जीवन है
फिर सब मिल जाना पानी में...

रैना बीती जाए

रैना बीती जाए
चाँद मगन मुस्काए

चुपके से पलकों पर
आकर नींद चुराए

मुखड़ा देखो उसका
दुल्हन ज्यों शरमाए

रजत ओढ़नी ओढ़े
अमृत-घट छलकाए

शीत करों से अपने
दुखती रग सहलाए

शून्य ताकतीं अँखियाँ
विरह-अगन झुलसाए

किसपर फुरसत इतनी
आकर मन बहलाए

आशंका आगत की
पल-पल दिल दहलाए

सब ही बड़े धुरंधर
कौन किसे समझाए

हुई बैरन निंदिया
दूर खड़ी ललचाए

लाज-शरम सब छोड़ी
गैरत जरा न आए

जाने कहाँ छुपा सुख
दुखिया मन अकुलाए

रह-रह झरते आँसू
रह-रह मन घबराए

अनहद गम की 'सीमा'
क्षण-क्षण बढ़ती जाए...

उससे मैं हूँ मुझसे वो

कभी लगे असीम वो
कभी लगे ससीम वो

वो एक है अनेक में
वो राम भी रहीम वो

रूप-गुण क्या कहूँ
वसीम वो सलीम वो

कभी बने मरीज वो
कभी बने हकीम वो

अजब खुमार दे गया
जैसे कोई अफीम वो

मन-तपन मेरी हरे
सुकूं भरी नसीम वो

संग रहूँ उसी के मैं
है मेरा नदीम वो

शब्दों से झरे शर्करा
तासीर में है नीम वो

सब उसी के हैं मुरीद
है अज़ीम फ़हीम वो

रुह में मेरी घुल गया
बनके मस्त शमीम वो

पाई-पाई रखे हिसाब
मुनीमों का मुनीम वो

दर्द न मेरा देख सके
इस कदर करीम वो

उससे मैं हूँ मुझसे वो
'सीमा' मैं असीम वो...

वसीम- सुंदर; आकर्षक; मनोहर
सलीम- गंभीर, शांत
नसीम- ठंडी और धीमी हवा
नदीम- मित्र
मुरीद- कायल
अज़ीम- महान
फहीम- बुद्धिमान; अकलमंद; समझदार
शमीम- खुशबू
करीम- दयालु

शुभ वध्वागमन

'सभ्य'-सुसंस्कृत पग धर आए तू अंगना मेरे
खुशियों का अंबार लगे शुभ आगमन से तेरे

हो कृपा ईश्वर की मंगलमय हों काज सकल
विघ्नहर्ता विघ्न हरें सब लगें खुशियों के फेरे

करे तेरा अभिनंदन इस घर का कोना-कोना
अब तक छाए रहे जो मिट जाएँ गहन अंधेरे

बीज कटुता का पनपे न कभी इस बगिया में
विनिमय प्रेम का हो परस्पर बनें संबंध घनेरे

निरभ्र रहे 'आकाश' सदा घिरें न बादल गम के
बरसाए चंदा चाँदनी दिनकर मन ओज बिखेरे

सुगंधि शीतल चंदनवन की 'पवन' सदा बगराए
सीख 'मनोरमा' जननी की जीवन में करे उजेरे

ऐश्वर्य-धैर्य सी 'अद्रिका-अवनी' रहें सदा ही साथ
नेह और सम्मान रहे मन में, सुखों के हों बसेरे

मेरे घर की लाज तुम्हीं 'सीमा' में सदा ही रहना
फूलें-फलें आशीष, आस-मनोरथ हों सब पूरे...

पूछना तुम चाँद से

कब तलक जागे रहे हम, पूछना तुम चाँद से
कब तलक आँखें रहीं नम, पूछना तुम चाँद से

चाँद भी जब छुप गया, बदलियों की ओट में
किस कदर छाया रहा तम, पूछना तुम चाँद से

अलमस्त सोई चाँदनी भी, चाँद के आगोश में
आया न उसको भी रहम, पूछना तुम चाँद से

कुछ पल ऊँघे सितारे, फिर मूंद पलकें सो गए
बस तन्हाई संग थी हरदम, पूछना तुम चाँद से

नयनन में दीप बाले, विरहन तकती रही गगन
परिस्थिति थी कैसी विषम, पूछना तुम चाँद से

उघड़े रहे नैन हर पल, उसके दरस की चाह में
हुआ न क्यों विसाले सनम, पूछना तुम चाँद से

औचक उस चंद्रवलय में आई छवि उसकी नजर
बड़ा मनमोहक था ये भरम, पूछना तुम चाँद से

चाँद ही है एक गवाह जो हर पल मेरे साथ रहा
कितने थे इस दिल पे जख़्म, पूछना तुम चाँद से

साक्षी है असीम आकाश, सीमा का मेरे प्रेम की
समझता था दिल का मरम, पूछना तुम चाँद से

उसकी किसी बात पर, हो गर यकीं तुमको नहीं
चाँदनी की तब दे के कसम, पूछना तुम चाँद से...

कल जब न रहूँगी मैं

कल जब न रहूँगी मैं
मुझे याद करोगे तुम
एक झलक पाने की
फरियाद करोगे तुम?

सामने रख तस्वीर
महसूस के मेरी पीर
नैनों से बैनों का
संवाद करोगे तुम?

करते-करते याद तुम्हें
थम जायेंगी साँसें मेरी
ठंडे बदन के संग-संग
पथराएँगी आसें मेरी

छुपा रखा था तुम्हें मैंने
दिल में अपने कुछ ऐसे
अनमोल खजाना कोई
रखता है छुपा कर जैसे

जीती रही मैं जब तक
चाह न मेरी समझ पाए
अब आई विदा की बेला
क्यों पास मेरे तुम आए

रुह भी उस पल मेरी
करेगी सवाल ये तुमसे
मन-मंदिर के देव मेरे
क्यों जीते जी न आए?

आए हो तो खुली पलक में
आँक दो अपनी छवि प्यारी
धीरे से कर दो बंद इन्हें फिर
चिर विदा की मेरी हो तैयारी

अगले जनम मिलूँ फिर तुमसे
मुझे हँसते-हँसते विदा करो
काँधे पे चढ़ा, दो डग तो चलो
हक अपना मुझ पर अदा करो...

तमाशबीन है दुनिया सारी

अपनी आस्था अपने दावे
अपनी शान अपने दिखावे

अपनी ढपली अपनई राग
मन यही बस सबके भावे

खोट नजर आते औरों में
अपनी करनी नजर न आवे

उधेड़ते बखिया औरों की
कर्म न अपने कोई गिनावे

अपनी-अपनी कहते सारे
सच्चाई कब कौन बतावे

तमाशबीन है दुनिया सारी
आग लगी है कौन बुझावे

भरमाएँ सब इक दूजे को
राह सही न कोई सुझावे

राजनीति में सदा से हमने
देखे कितने छद्म-छलावे

चाल अनूठी नियति-नटी की
ता-था-थैया नाच नचावे

आता कभी न चाँद जमीं पर
पलक-पाँवड़े व्यर्थ बिछावे

सत्य ठहराकर कल्पना को
कौन हकीकत को झुठलावे

लेती किस्मत कठिन परीक्षा
पग-पग कंटक राह बिछावे

चुग गई चिड़िया खेत सारा
अब क्या पगले तू पछतावे

नया नया धन्नासेठ हुआ वो
भाव तो देखो कितने खावे

दूजे को तो कुछ नहीं आँके
अपनी खूबियाँ खूब गिनावे

होती हकीकत बड़ी बेवफा
नाहक कोई ख्वाब सजावे

छोड़ 'सीमा' सोच न ज्यादा
काहे तू अपना खून जलावे...

उतरी जमीं पर चाँदनी

नयनों में नेह भरे उतरी जमीं पर चाँदनी
पलकों पर ख्वाब धरे पसरी है उन्मादिनी

तिमिर के आगोश में मुँह छुपाए थी निशा
पाकर ज्योत्सना धवल हुई धरा भी पावनी

शुक्लाभिसारिका ज्यों प्रिय मिलन को चले
दिपे श्वेत परिधान में मोहक मधुर लुभावनी

ताजे कदमों के निशां कर रहे हैं ये बयां
रेत पर थिरकी थकी बाला षोडशी नाजनीं

मासूम कैसे दिख रहे मीन से चंचल नयन
अंग कोमल-कमनीय देह कंचन-कामिनी

शहरी दरिंदों से बच दौड़ी चली आई यहाँ
आँचल में कुदरत के ले रही सुकूं सुहासिनी

माँ के स्पर्श-सी सुखद प्रकृति की क्रोड़ ये
बिछौना सिकता बनी लहरें बनी हैं ओढ़नी

आश्रय ले उपधान का सोई है बेफिक्र मस्त
झिलमिलाते अंग-वस्त्र जैसे हो सौदामिनी

रजत-पात्र ले चाँद भर-भर सुधा ढरकाए
झूम रही ओस न्हायी रात नशीली कासनी...

आपकी अदालत में

आपकी अदालत में प्रभु अर्जी मेरी एक दर्ज है
न्याय करना सही-सही, यही इल्तिज़ा और अर्ज़ है

अलापता हर कोई यहाँ, अपनी ढपली अपना राग
कुछ भी समझ आता नहीं, सीखी कहाँ ये तर्ज है

कहीं तन दुखी कहीं मन दुखी कौन है सर्वांग सुखी
आ रहा जीवन निगलने, हर पल नया एक मर्ज है

किसकी यहाँ किसको पड़ी, स्वार्थ ही बस सर्वोपरि
इंसानियत किस विध बचे, हर कोई यहाँ खुदगर्ज है

कथनी और करनी भी, एक-सी नहीं सब की यहाँ
माँगते अधिकार सभी, कोई एक निभाता फर्ज है

कोई कैसे जिए, कैसे रहे, क्या करे, क्या न करे
है सबकी अपनी जिंदगानी, क्यों किसी को हर्ज है

मेरी अपनी तुच्छ 'सीमा' बात सुने कोई क्यों मेरी
सूझे न कुछ कैसे चुकाऊँ मन पर जो भारी कर्ज है...

चाँद भी अब मद्धम दिखता है

हर सुख अपना झरा दिखता है
घर दूजे का भरा दिखता है

औरों में खोट नजर हैं आते
दोष भी अपना खरा दिखता है

मुसीबत जब-जब सर पर आए
किस्मत का किया धरा दिखता है

सावन में नैन गँवाए जिसने
पतझर भी उसे हरा दिखता है

गैरों पे करे विश्वास वो कैसे
जो अपने से ही डरा दिखता है

प्रगति के अनगिन सोपान चढ़े
पर इन्सां कहाँ सुधरा दिखता है

सच्चा साथी वही अपना, जो
मुश्किल में साथ खड़ा दिखता है

मगन जो सुख-सागर में अपने
उसे दुःख औरों का कहाँ दिखता है

जड़ बस्ती में चाँद-सितारों की
सुख धरती-सा कहाँ दिखता है

जाने कहाँ ले जाकर पटके
रुख हवा का पलटा दिखता है

भीतर किसके कितनी हलचल
बाहर से कुछ कहाँ दिखता है

खड़ा नहीं जो बूते पर अपने
कितनी ही बार मरा दिखता है

ऊँचा उठने की लगन है जिसमें
आसमां भी उसे झुका दिखता है

जिसके मन की भावना जैसी
जग सारा उसे वैसा दिखता है

बसा है तू ही तू नजरों में मेरी
जित देखूँ तित तू ही दिखता है

चुनवा दे कोई आकर खुशियाँ
हर सुख बिखरा-बिखरा दिखता है

सो जा 'सीमा' रात हुई बहुत
चाँद भी अब मद्धम दिखता है...

ऐसा गया बिलट के

ऐसा गया बिलट के
देखा नहीं पलट के

किस्मत कैसी लंपट
खेली खेल कपट के

नन्हीं खुशियाँ मेरी
ले ही गयी झपट के

पाकर उसकी आहट
भागी नींद उचट के

मिला नहीं सुख मेरा
देखा उलट-पलट के

सेहत बिगड़ न पाये
खायी दवा निपट के

गम को गले लगाया
रोये खूब लिपट के

'सीमा' अपनी जानी
खुद में रहे सिमट के

बुझती लौ जीवन की
बस यूँ ही घट-घट के...

वो जो मेरा आईना था

ये चेहरा तो मेरा न था ये कैसा आईना था
बदले अक्स दिखाता बदला-सा आईना था

रूप-रंग संग दिल भी होता जिसमें साकार
फिर वही मुझे लौटा दो जो मेरा आईना था

इतना वह मेरा अपना हमदर्द बन गया था
टूटता जब कुछ मुझ में दरकता आईना था

मैं सुबक-सुबक जब रोती चैन अपना खोती
प्यार भर नयन में मुझे समझाता आईना था

पाकर करीब उसे मैं सुध-बुध बिसरा जाती
मदहोश जरा जो होती सँभालता आईना था

न मैं अलग थी उससे न वो पृथक् था मुझसे
संग वजूद के मेरे घुलता-मिलता आईना था

जड़ीभूत करके मुझको खुद थिरकने लगता
खुशबू जो तन से झरती महकता आईना था

भावाकृति हमारी मिला करती बहुत परस्पर
इस पार मेरी दुनिया उस पार वो आईना था

चूँड़ी-बिंदिया-बिछुवे मेंहदी-महावर रचती
निहारती उसमें खुद को वो मेरा आईना था

जितनी उसकी हस्ती बस उतनी 'सीमा' मेरी
मुझे देखकर खुशी से मुस्कुराता आईना था...

बातों-बातों में

उपलब्धियों की पोशाक में कंगूरे-बूटे टाँकते चलिए
कुछ सुनिए औरों की कुछ अपनी भी हाँकते चलिए

कहते हैं-कहने से मन की, मन की परते खुलती हैं
बातों-बातों में यूँ गिरेबान में सबकी झाँकते चलिए

सीखिए तजुर्बे से वृद्धों के, सीख काम बहुत आएगी
मिलें जो निज जीवन में वे अनुभव भी बाँटते चलिए

यूँ बड़े लोगों से मिलना एक दिन बड़ा तुम्हें बनाएगा
हुनर और गुर सब उनके मन में सदा आँकते चलिए

छूकर बुलंदियाँ आसमां की अपने भी हो जाते दूर
रह जमीं पे संग अपनों के खाई बैर की पाटते चलिए

माघ मास की शीत त्रासद, कितने तन पर वसन नहीं
कंबल, स्वेटर साथ लिए, कँपते हाड़ को ढाँकते चलिए

पद-चिन्हों पर चलें तुम्हारे, पंथ-अनुगामी बनें पीढ़ियाँ
पथ प्रशस्त हो आगत का, यूँ ही धूल न फाँकते चलिए

मंजिल तक जाने में मुमकिन है मुश्किलें हजारों आएँगी
रोड़े-पत्थर काँटे-कंकर आएँ जो पथ में छाँटते चलिए

सुख-दुःख मन के भाव हैं दो, चक्रवत् जो आते-जाते
सत्कर्मों की ढाल लिए, पर्वत दुखों के लाँघते चलिए

कोई किसी से कम न ज्यादा सबकी अपनी 'सीमा' है
दुश्मन के भी गुणों को श्रीमुख से अपने बाँचते चलिए...

क्यों चाँद आज उदास है

क्यों चाँद आज उदास है
पीली-सी पड़ी उजास है

सहमा-सा है स्तब्ध गगन
दिखता न कहीं हुलास है

हतप्रभ निहारती चाँदनी
रुक गया धरा का लास है

प्रकृति-नटी भी अनमनी
ले रही गहन उच्छ्वास है

खोई-खोई सी यामिनी
बुझा-बुझा अधर पे हास है

सिमटे हैं खुद में सितारे
ठिठकी-सी खड़ी बतास है

क्यों परिवर्तन आज यह
कारण कोई तो खास है

दुःख में हों प्रियवर अगर
आता न कुछ भी रास है

घन बिच चपला-सी चमकती
सुख की झीनी-सी आस है

नियति भी 'सीमा' में बँधी
वक्त भी उसी का दास है...

जीने को नया एक ख्वाब मिला

कभी मुस्कुराता गुलाब मिला
कभी अश्कों का सैलाब मिला

सुख या दुःख इस जिंदगी से
मिला जो भी बेहिसाब मिला

मिला असल चेहरे में कभी
कभी ओढ़े कई नकाब मिला

मुड़ के जो देखा वक्त की ओर
न लाज न कोई हिज़ाब मिला

'नहीं सगा वह किसी एक का'
दो टूक ये उसका जबाब मिला

अतीत से जब मुलाकात हुई
मीठी यादों का असबाब मिला

लाख जतन करके हम हारे
पहले सा न अब शबाब मिला

बेताब नज़र थी जिसके लिए
वो धुन में अपनी बेताब मिला

टिकते न पाँव जमीं पर उसके
पंख जैसे उसे सुर्खाब मिला

हुई अनंत जब 'सीमा' गम की
जीने को नया इक ख्वाब मिला...

ये झोंका हवा का आया कहाँ से

ये झोंका हवा का आया कहाँ से
तप्त मन पे घन-सा छाया कहाँ से

तू तो है गगन का चाँद बता फिर
उतर मन-मानस में आया कहाँ से

पलक झपें न मेरी, देखूँ अनथक
रूप अप्रतिम ये तूने पाया कहाँ से

शब्द फूल बन, झरते हैं अधर से
कंठ प्यारा मधुर ये पाया कहाँ से

यहाँ कोई न सानी कला का तेरी
हुनर अद्भुत ये तूने पाया कहाँ से

प्यासा तन-मन, विलुप्त नेह-जल
मन अंदर समंदर भर लाया कहाँ से

विस्फारित नयन, विस्मित मन है
हो असीम 'सीमा' में समाया कहाँ से...

बदल रहा समाज है

बदल रहा समाज है
बदल रहा रिवाज है

कल तलक जो सही था
प्रश्नगत वह आज है

दबी जुबां में ही सही
उठने लगी आवाज है

नारी आज मुक्त हो
भर रही परबाज़ है

बेटी पढ़े, आगे बढ़े
वक्त का आगाज़ है

सफल है हर क्षेत्र में
कर रही हर काज है

बेटियों पर आज हमें
बेटों-सा ही नाज है

लिंगभेद समाप्त हो
इसमें कैसी लाज है

जिस घर में बेटी नहीं
सूना हर सुख साज है...

प्रेम मेरा क्या जाने कोई

प्रेम मेरा क्या जाने कोई
मैंने तो मन-पथ से चलकर मन की थाह तक प्यार किया है

जीवन नीरस हुआ था मेरा
घिरा था मन में गहन अंधेरा
चाँद-सा उसे मुस्काते देखा
खिली अधरों पर स्मित रेखा
बीज नेह का बोकर उस संग निज सीमा का विस्तार किया है
मैंने तो मन-पथ से चलकर...

मन में छवि बसाकर उसकी
मन-मन उसको पूजा करती
जी भर उसे निरखती पहले
काम कोई फिर दूजा करती
मीठी यादों के मनके पिरोकर निर्मित गले का हार किया है
मैंने तो मन-पथ से चलकर...

उफ वो कैसी संकरी गली थी
डग भरते ही मैं गुम हो जाती
चलती थी तुम तक आने को
मगर मैं खुद ही तुम हो जाती
गढ़ मूरत भावों से तुम्हारी निज प्राणों में साकार किया है
मैंने तो मन-पथ से चलकर...

प्रेम नहीं कोई याचक होता
न निज दाय का वाचक होता
बहुत बड़ा दिल होता उसका
हर गम का वह पाचक होता
टीस पीर अश्क जो भी मिले हँस सबको स्वीकार किया है
मैंने तो मन-पथ से चलकर मन की हद तक प्यार किया है...

हे तात, तुम्हें शत-शत नमन

उजड़ गया हँसता चमन
किया जब तुमने गमन

महकती थी कैसे घर की फुलवारी
अपनी हर खुशी हम पर थी बारी
आधार थे तुम खेवनहार थे हमारे
लगता तुम बिन जीवन अब भारी

किया हमारी खातिर तुमने
अपनी इच्छाओं का दमन

उंगली पकड़कर चलना सिखाया
पढ़ाया-लिखाया जीना सिखाया
संघर्षों से तुमने कभी हार न मानी
सच्चाई के पथ पर डटना सिखाया

अपने बूते पर किया तुमने
आई हर विपदा का शमन

वो समझाइशें सारी वो डाँट-डपटना
बैठ तुम्हारे पास पाठ समझना रटना
फर्स्ट आने पर हमारे मिठाइयाँ बंटना
याद आए आज भी रह-रह हर घटना

कर सभी विकारों का दमन
भरा घर में सुख-चैन-अमन

व्यंजन भाँति-भाँति के जैसे दूध बनाए
वैसे ही घड़ तुमने छह गुण-रूप बनाए
मातृ-संस्कार मिठास से घुल गए सबमें
रंग विधि ने सुख-दुःख छाँव-धूप बनाए

बसे स्मृतियों में वे पल-छन
कर रहे अति उद्विग्न उन्मन

स्वीकारो ये मेरे श्रद्धा-सुमन
हे तात, तुम्हें शत-शत नमन...

एक नन्हा फरिश्ता आया

मेरे गमों को गंगा नहलाने
एक नन्हा फरिश्ता आया
सोए सब अरमान जगाने
एक नन्हा फरिश्ता आया

गठरी गमों की देकर जब
साथी ने तन्हा छोड़ दिया
भारी मन का बोझ उठाने
एक नन्हा फरिश्ता आया

आँसुओं का कोष भी जब
बरस-बरस कर रीत गया
संग खुशी के लिए खजाने
एक नन्हा फरिश्ता आया

कर्कश-कटु शब्दों को सुन
जब जीना मेरा दुश्वार हुआ
तुतली बतियों से जी बहलाने
एक नन्हा फरिश्ता आया

छिन गया जब रोशन जहां
छा गया अँधेरा जीवन में
सूने मन में इक दीप जलाने
एक नन्हा फरिश्ता आया

सँवारने वाले हाथों ने जब
उजाड़ दिया मेरा गुलशन
जीवन-बगिया फिर महकाने
एक नन्हा फरिश्ता आया

कर्मक्षेत्र में जब जीवन के
मैं तन्हा ही जूझ रही थी
साथ मेरे, मेरा हाथ बँटाने
एक नन्हा फरिश्ता आया

एक नन्हा फरिश्ता आया...

कभी हँसती है कभी रोती है

कभी हँसती है कभी रोती है
भारी बोझ गमों का ढोती है

जगती विरहन की पीर बावरी
जब ये जगती सारी सोती है

वक्त की गर्द में सनी स्मृतियाँ
पगली अँसुवन जल से धोती है

शामो-सहर सूनी नज़रों से
सूने दरो-दीवार वो तकती है

मीठी यादों के मनके मनोहर
चुन-चुन हृदय-हार में पोती है

बंजर जमीं पर एक अभागन
युगों से बीज आस के बोती है

फिर-फिर मन में टीस उठती
फिर-फिर ख्वाब संजोती है

क्या हद से गुजरती पीड़ा की
कोई 'सीमा' नियत न होती है...

मौन का परिणाम देखना

बोलेगा जब काम देखना
मौन का परिणाम देखना

समय के स्वर्णिम पृष्ठों पर
होगा मेरा भी नाम देखना

पलकों पे मुझे बिठा लेगी
आएगी वह शाम देखना

देखके मुँह बिचकाने वाले
भेजेंगे जब सलाम देखना

रिहा होंगी सब कैद राहें
बनेगा रस्ता आम देखना

मूल्यहीन जो आँके जाते
बढ़ेगा उनका दाम देखना

नाम बिगाड़े जो औरों का
होगा खुद बदनाम देखना

संघर्षों से जो कतराए
होगा वही नाकाम देखना

अब न हम भी चुप बैठेंगे
छिड़ेगा महा-संग्राम देखना

अन्याय का अनुयायी भी
जपेगा एक दिन राम देखना

युगों-युगों की प्यास बुझेगी
छलकेगा ऐसा जाम देखना

चलो अब अपना काम देखो
'सीमा' को भी काम देखना...

मैंने उससे प्यार किया था

हरपल उसके साथ जिया था
मैंने उससे प्यार किया था

नजर अंदाज किया उसने ही
मैंने तो इजहार किया था

निर्निमेष नज़रों से अपनी
छुप-छुपकर दीदार किया था

उससे जुड़कर मैंने अपनी
लघुता का विस्तार किया था

रह जमीं पर मैंने गगन के
सपनों को साकार किया था

छवि बसाकर मन में उसकी
खुद में उसे साकार किया था

मन के भीतर आग का दरिया
तनहा मैंने पार किया था

बेंदी लगा चंदा की माथे
अद्भुत रूप-श्रंगार किया था

दिल से दिल का मेल था ये
नहीं कोई व्यापार किया था

बातें तीखी कहकर उसने
तीर जिगर के पार किया था

उपहास मेरी लघुता का
एक नहीं सौ बार किया था

'सीमा' में निज सीमित रहना
तब मैंने स्वीकार किया था...

कभी जिंदगी में मोड़ ऐसा भी आता है

कभी जिंदगी में मोड़ ऐसा भी आता है
कुछ भी तो कहने को नहीं रह जाता है

तब्दील हो जाती हैं खुशियाँ सब गम में
देखते-देखते सारा मंजर बदल जाता है

चलती हैं आँधियाँ कुछ ऐसी बेबसी की
तिनका-तिनका हर सुख बिखर जाता है

सुख कपूर-सा उड़ जाता पलक झपकते
दर्द रिदय से भीगे पट-सा लिपट जाता है

आते हैं जब-जब याद वे गुजरे हुए लम्हें
नयन-कोर पर एक आँसू ठहर जाता है

छोड़ देती है साथ जब आस भी साँस-सी
जख्म सहलाने भर से मन बहल जाता है

छँटने लगते हैं शनैः-शनैः बदरा गम के
मन निरभ्र, आसमां-सा निखर जाता है

कोई कमी नहीं यहाँ सुख की या दुःख की
ये बात और किसके हिस्से कितना आता है

न हो 'सीमा' उदास यह तो चक्र है जीवन का
दुःख के बाद यहाँ सुख भी खुद चला आता है...

खुद पे उसे गुमान बहुत है

खुद पे उसे गुमान बहुत है
हम में स्वाभिमान बहुत है

समझे कैसे दर्द किसी का
गम से वो अनजान बहुत है

करना बहुत कठिन है यारा
कह देना आसान बहुत है

जबसे भ्रम टूटा है मन का
दिल मेरा हलकान बहुत है

मची हुई है भीतर हलचल
पर बाहर सुनसान बहुत है

समझ न पाए चालें जग की
मन-शिशु ये नादान बहुत है

न हों हासिल वैभव जग के
हमें अपना ईमान बहुत है

सहिष्णुता, संतोष, आस्था
बस इतना सामान बहुत है

लीलने को हज्जूम तमस का
सिर्फ एक दिनमान बहुत है

कभी मौन भी सुनकर देखो
माना स्वरों में जान बहुत है

मन को वश में कर लेने को
एक मधुर मुस्कान बहुत है

तुम्हीं अकेले नहीं धुरंधर
'सीमा' की भी शान बहुत है...

किस पर इतना इताब यारा

किस पर इतना इताब यारा
सगरा जग इक सराब यारा

चार दिना की ये जिंदगानी
उस पर इतना दबाब यारा

लगा न दिल से बात कोई
खा मस्ती से कबाब यारा

देह नश्वर है गर्व न करना
ढल जाएगा शबाब यारा

बने एक माटी से हम सब
तू ही न कोई नबाब यारा

हर कर्म का सबको अपने
देना रब को जबाब यारा

जी असल रूप में अपने
फेंक ये फर्जी नकाब यारा

बुरा व्यसन है ले डूबेगा
पी न इतनी शराब यारा

ढलती उम्र रोके न रुकेगी
लगा बेशक खिजाब यारा

तेरे अनर्गल इन प्रश्नों का
हम पर न कोई जबाब यारा

इधर-उधर न झाँक बगलें
पढ़ ले कोई किताब यारा

आना-जाना जग में जग से
बने-मिटे ज्यों हबाब यारा

रखना कदम फूंक-फूंक कर
वक्त बहुत है खराब यारा

रहे न कर्ज 'सीमा' पर कोई
आ, कर लें सब हिसाब यारा...

इताब- क्रोध, रोष
सराब- छल, मृगतृष्णा
हबाब- बुलबुला

मेरी बिटिया रानी

ख्वाब नयनों में मेरे तेरे लिए
मैं हूँ तेरे लिए और तू मेरे लिए

तू है छाया मेरी तू बचपना मेरा
तुझसे हसीं और क्या मेरे लिए

मेरे ख्वाब अधूरे पूरे हों तुझसे
जीवन लुटा दूँ सारा तेरे लिए

प्राण मेरे आन बसे अब तुझमें
तू ही जीने का सहारा मेरे लिए

आ, जी लूँ साथ उन्हें जी भरके
पल हसीं कुछ सहेजे तेरे लिए

जीवन-बगिया यूँ चहके-महके
खुले सुखों का पिटारा तेरे लिए

जी पाएगी कैसे छली दुनिया में
सोच चिंतित हूँ हरपल तेरे लिए

शातिर है दुनिया तू अति भोली
लाऊँ कहाँ से फरिश्ता तेरे लिए

अटके हैं प्राण अब तुझी में मेरे
लड़ रही हूँ मौत से बस तेरे लिए

गम लेकर साथ विदा मैं होऊँ
छोड़ जाऊँ उजाले सब तेरे लिए

रही 'सीमा' में बँधकर मैं तो सदा
चाहूँ उन्मुक्त गगन एक तेरे लिए...

उत्कट पीर यह मेरी बारह मासी

उत्कट पीर यह मेरी बारह मासी
घिरी अर्द्धरात्रि-सी गहन उदासी

हैं नयन निमीलित, गैरिक वसना
बैठा मन के भीतर एक संन्यासी

रूठा चाँद, मन तम-आच्छादित
पसरी चतुर्दिक अंधेरी अमा-सी

किस-किस की चाह करे वो पूरी
लगी दर पे उसके भीड़ है खासी

सँवर जाते दिन औ रात मेरे भी
दिख जाती जो झलक जरा सी

नेह-धार सरस निसृत हो मन से
बही नदिया-सी रही खुद प्यासी

सोया चाँद समेट चाँदनी अपनी
साँस थमी हुई आस रुआँसी

दीप-प्रज्ज्वलित ये जीवन-बाती
तिल-तिल शबभर जले शमा-सी

'सीमा' बद्ध झिझकती सकुचती
उझक देखती प्रिय प्रियतमा-सी

कभी उतरे चाँद मेरे भी अंगना
हो कभी तो यहाँ भी पूरनमासी...

जीवन इतना आसान कहाँ

जीवन इतना आसान कहाँ
जीने लायक सामान कहाँ

पिपरते हैं शैतान जमीं पर
मिलता अब इनसान कहाँ

भ्रष्टता हर सूं पसरी बैठी
खो गया दीन-ईमान कहाँ

गुजरे रात अब करवटों में
सुकूं से भरा उपधान कहाँ

पटी है धरा अभिशापों से
मिलता कोई वरदान कहाँ

उजड़ रहे नीड़ परिन्दों के
चहकता कोई उद्यान कहाँ

दरिंदगी का आलम ये है
सुरक्षित घर-दालान कहाँ

कलियाँ जहाँ मसली जाएँ
बचें फूलों में अरमान कहाँ

सुनाई न देतीं नन्ही चीखें
गर है कहीं भगवान, कहाँ

व्यवधान हजारों जीवन में
हरने को मगर संधान कहाँ

मुखौटे लगाए खोटे चेहरे
सहज सरल मुस्कान कहाँ

चल दूँगी हँसकर साथ तेरे
ए मौत, बता श्मसान कहाँ...